中國人民武裝警察大解構

高哲翰
邱伯浩
蔡　衡
蘇育平
◎合著

揚智文化「軍事科學系列叢書」編組一覽表

軍事智庫系列叢書主編序

近年來，因國防部終身學習政策，致使國軍幹部進修管道多元化，軍中學術更是蓬勃發展，國內軍事學術研究的風氣日益精進。而在此時揚智文化總編輯林新倫先生認爲，如可以針對國內發展中的軍事科學知識，給予系統性的歸納與整合，進而成立一個具有學科性質的架構體系，將可更爲有效地促進軍事科學知識在既有的學科規範體系下演繹發展。所以在林總編輯的特邀下，本人與東吳大學安豐雄先生，分別擔任揚智文化軍事智庫及軍事學系列的主編，而此兩系列則納入軍事科學叢書中。

軍事學系列係以軍事應用或分支學科爲主，其目的在於進行軍事學的建構工作；而軍事智庫系列則以軍事相關領域之研究爲對象，其重點在於吸納國內重要軍事性議題研究。

職是之故，軍事智庫系列，是以特定的軍事專題研究或是國防議題爲出版導向，針對當前台灣的內外環境面臨的的國防事務；海峽兩岸的軍事議題；周邊國家的軍事狀況；重要的軍事研究論文，提出一系列的建設性成果，以供一般學子、社會大眾、政府官員參考研究。

作者群遍及國內研究國防、軍事的專家學者、教官、碩博士研究生，將長期研究的心血結晶及寶貴經驗，毫無保留的貢獻與國人分享，這是值得鼓勵。希此套叢書在顧問群的指導之下能更臻完美，更企盼能帶動國內研究軍事學術化、專業化進而普及化，成爲一般學校的通識課程，讓全民國防的知識落實在校園當中，這就是本系列叢書的最大目的。

主編　邱伯浩

于復興崗皓東樓2003/2/21

鍾序

在海峽風高浪急中不論是海釣休閒之旅、黃魚季打漁郎捕撈之行，亦或是國軍官兵運補外島側護警戒任務，在驚濤駭浪中遭遇最多的，除了大陸漁船外，便是中共的邊防武警砲艇，而非解放軍的艦船。這些船首漆有「公邊」或「邊檢」字首的巡邏艇，分別隸屬於中共中央軍委會武警總部沿海各省公安邊防總隊的海警及海巡支隊。

歷經九次整編的「中國人民武裝警察」，官兵愈編愈多，火力愈編愈強，權力愈編愈大；這些非軍非警、時軍時警、可軍可警、亦軍亦警的人民武警，嚴格來說，是中共國家主席（身兼中共黨主席、亦兼中共黨中央軍委主席、還兼國家中央軍委主席）非「槍桿子」出身下的產物。說武警是江澤民的私人衛隊、中南海政治核心的錦衣衛還太狹隘，因爲人民武警「包山包海」深入中共政權的每一條神經末梢。除了邊防武警外，人民武警尚編有內衛武警、消防武警、水電武警、交通武警、黃金武警、森林武警和機動武警。號稱「百萬雄獅」的人民武警，光是僅數人頭就直逼共軍地面部隊的編制總員額。

邱伯浩、蔡衡、蘇育平作者群的《中國人民武裝警察大解構》是第一本研析「中共人民武裝力量」三大支柱——「武警」——的專書。作者群以流暢的文筆旁徵曲引，對武警的沿革與任務，做了系列性、學術性的研析。想要瞭解中共人民武裝力量的戰力，僅認識「人民解放軍」還不夠，必須認清「人民武裝警察」的本質方能一窺其堂奧，而本書應可忝列爲認識中共人民武裝力量進階研析的必讀專書。

讀者若經常進出大陸探親、訪友、交流、經商，請常常回頭望一下跟你的車輛牌照，若是**WJ**開頭的號碼，恭喜你，那是武警的車牌。

鍾堅 教授

2002年秋末於國立清華大學

趙序

很高興國軍軍官有人對中共三大武裝力量之「中國人民武裝警察」做有系統的研究，相信本書有助於國人對中共人民武裝警察的認識。中共武裝力量均起源於工農游擊部隊，從其發展沿革來看，武警部隊始終與解放軍有著密不可分之關聯，迄一九八三年四月五日中共宣布將原擔任「內衛執勤」之守衛部隊與各省、區、市之「武裝警察」、「邊防武裝警察」及「消防警察」合併組建「武裝警察部隊」，隸屬公安部門。江澤民主政期間，持續擴大武警規模，已漸次編成機動師及內衛、交通、水電、黃金、森林總隊，分由「中央軍委」及中共國務院「公安部」雙重領導，尤其「十六大」中，武警部隊有三人當選中央委員，其角色不容忽視。

由中共武警編裝改革觀之，其所屬部隊對軍事作戰仍肩負要地衛戍、戰區安全保障、防處突發事件、獨立遂行防衛作戰及主動應處反恐作戰等支援任務。特別是九一一恐怖攻擊事件後，國際間瀰漫恐怖事件陰影，中共武警總部按中央軍委「反恐防武」要求，積極組建反恐部隊體系，重點加強反襲擊、反爆破、反劫持等訓練，強化預警，防範恐怖活動萌生，且近年來中共內部面臨「法輪功」海內外成員抗爭，及「疆獨」日趨嚴重之暴力犯罪下，武警部隊爲因應上述情勢，陸續在各地成立反恐中隊，未來反恐將成爲武警部隊最重要任務之一，以此觀之，中共人民武裝警察之重要性可謂不言而喻。

武警部隊雖不致用於第一線軍事作戰，然仍可恃其專業從事鞏固後方與占領區安全維護，甚至進行城市攻堅戰、反游擊戰等艱難任務，故仍為中共不可忽視之預備戰力。本書首篇蒐集中共武警部隊組織與沿革資料詳細，並能就其擔負任務角色、思想工作、教育訓練及警民關係等，做一全面性探討；另次篇也對武警部隊與中共國家安全及未來挑戰做一深入剖析，內容完整，見解深入，觀點獨特，相信可做為對中共武警事務研究有性興趣者，極佳指引之參考書籍。

海軍少將 趙連第

談序

中共人民武裝警察部隊、解放軍與民兵，號稱中共三大武裝力量支柱。其中，中共武警部隊有別於解放軍及民兵，其指揮屬軍事性質。武警部隊是以軍事手段執行中共安全保衛任務的武裝集團，並藉由軍事的強制力，履行其任務唯其任務卻是公安性（警察性）的。武警部隊是一既具警察性質的「軍隊」，又兼具「軍隊」性質的警察。此外其領導體制更是充滿矛盾的「雙重領導」，一種由中共中央國務院、中央軍委雙重領導的武裝力量支柱。

中共人民武裝警察在「六四事件」之後，在中共內部的政治地位日益增長，人數倍增高達一百餘萬人，而其武器裝備在中共中央軍委的刻意補充下，儼然成爲中共武裝的預備隊，隨時可以轉換成爲解放軍而成爲正式的軍隊，或一轉眼而成爲武力犯台的主力之一。在兩岸交流日益頻繁、台商在大陸已占有一席之地的今日，環視中國當局武警又是中共維持治安的重要一環，因此認識武警、瞭解武警、解析武警，已成爲現在台灣人民往大陸經商旅遊時必備的常識。

這樣一個複雜、多變，且對我威脅日增的組織，惜在國內的研究甚少，但這並不表示不重要，甚至我們還要特別指出中共武警是需要投入人力、時間去研究。所幸在中央警察大學高哲翰教授的帶領之下，由高教授、蔡衡、邱伯浩、蘇育平等四人成立研究群，專注於研究中共武警，歷經二年的時間，編輯而成《中國人民武裝警察大解構》一書。此書是國內第一本研究中國人民武裝警察的專書，有助於持續研究中國人民武裝警察的學者、專家參考，更是一本帶領國人認識中國武警的極佳參考書籍。

談遠平

政治作戰學校政治研究所所長

目錄

導言

台灣從十餘年前開放探親以來，兩岸之間交流熱絡，進而更有旅遊、經商等的交流使得兩岸之間產生了許多問題，而在這交流過程中，兩岸法規規範並不十分明確，再加上國人對大陸變遷瞭解不多，致使兩岸間產生諸多問題，如數年前因旅遊大陸千島湖發生的千島湖事件（其中有武警涉案），國人因不瞭解大陸治安狀況，導致慘案發生；而之前（2001年6月）6名台商因涉及走私被捕一事，中共海關（邊防武警）突然以走私罪名，逮捕其台籍總經理、大陸籍廠長、副廠長、報關員，以及扣押所有帳冊、清單與價值數千萬元的庫存。

上述這些案件均與武警有關，在此額外一提的是，網路上流傳著這麼一個笑話，前些年台灣觀光團去北京旅遊觀光，到達天安門時正在升降旗，而國人看到時卻指著升旗的士兵說：「『共匪』在升旗。」有人答辯說：「現在叫做解放軍。」但是，實際負責天安門升降旗的卻是「武警部隊」。

國人對中國「武警」的印象是太模糊了，不是把他誤認爲「公安」就認爲是「解放軍」，武警雖然制服徽章很像解放軍，但是還是有差異，雖然執行的是警察的工作，但實質上卻又與公安警察不同，那武警究竟是什麼呢？本書爲的就是替國人抽絲剝繭，一探武警奧秘。

中國三大武裝力量

中共武警部隊與人民解放軍、民兵並列為中共國家三大武裝力量之一，對於這個世界現存最大的專制控制政權的維繫，扮演著著舉足輕重的角色。觀諸武警部隊之歷史沿革，與在政治、社會、軍事上所扮演之角色，可以說既具備了警察功能，又兼具世界各國武裝部隊的功能及憲兵（軍事警察）的職權。

在廣土眾民的中共領土上，武警部隊的影響力日漸擴增，成為我們不可忽視的一股力量。在中共龐大的國家機器體制之下，負責維護社會治安及後備動員力量的部隊，在過去往往不如現役部隊被外人所重視，但隨著中共軍隊體制的變革以及大環境的變遷，使得武裝警察及預備役日漸受到重視。以武警為例，已不再只是一支單純擔任「武裝警察」的角色而已，而是具有特殊政治任務（安內）及負責國家安全（對外）的武裝力量。

1996年，中共在大陸東南沿海進行一連串對台威嚇，在軍事演習過程中，除了飛彈的攻擊外，最引人注目的就是另有穿著迷彩裝的武警部隊參與，中共媒體尚還特別報導那次的參演情形。其次，中共為確保「九七」收回香港的重大任務及「十五大」的召開，再將部分沿邊及重要省軍區共軍部隊，調撥兵力轉換為武警機動部隊，用以應付突發騷動或危安事件。由此可見，中共武警未來在所謂「祖國統一」工作中，同樣將扮演舉足輕重的角色。

中共在馬列主義和毛澤東思想的影響下，政體與一般民主國家殊異，而人民武裝警察（武警）制度更是不同於民主國家之軍事或警察制度。武警爲中共人民解放軍、民兵與人民武警三大武裝力量之一，其任務涵蓋面廣、實質力量大，足以與其他國家的正規部隊相較而毫不遜色。雖然中共將武警視爲公安體系中的一環，但是我們必須注意到的是其亦警亦軍的特性，及戰時可納入軍事指揮體系的動員能量。

2000年3月，中華民國第十任總統副總統由陳水扁與呂秀蓮搭檔當選，其政治理念及大陸政策，將臺灣與大陸之間的關係，帶入了一個內弛外張的局勢。2001年1月，金門與馬祖試行局部地區之通商、通郵、通航，也就是俗稱之「小三通」，兩岸的關係在互動上已然有了部分進展。然而，我國與中共在政治議題上仍然沒有交集，在軍事上仍屬對峙狀態，政府對於與對岸交流的潮流亦多有保留，這點從「戒急用忍」政策在新政府時代仍延續好長一段時間而未能排除中可以看出。

在這種情況下，我國仍以中共爲最主要之假想敵，三軍在整軍備戰上，也是朝著「有效嚇阻、防衛固守」的基本目標持續邁進，即以中共同軍種之組織型態與可能之軍事行動爲鑒，預作防範。國防部近年來配合政府提倡組織再造，進行部隊精實方案，並提出編修有關各軍種之組織法規，其目的亦是在於掌握時代脈動、更新組織架構，以面臨未來新型態戰爭的挑戰。

在我國目前對中共武警制度的專論尙嫌不足的情形下，本書爲初探性研究，除介紹中國武警的由來、編裝、制度之外，並從武警在中共綜合性國家安全與維護政權穩定的角度下，來探討中共武警部隊扮演的角色與其未來的走向。

而本書研究的目的和重點，大致可分爲下面幾點：

一、針對中共武警的發展沿革，依武警組織的變革，共分四個時期作一敘述，歸納出中共武警的建軍模式，與中共政治局勢之互動、未來走向等。

二、綜觀當前中共武警制度的內容，整理分類並將中共武警警種之間的關係作一探討研究，期能對該制度有通盤瞭解，以期克敵致勝。

三、透過對中共國家安全的分析，完成中共國家綜合安全的初步模型，並從武警的角度去思考其在國家安全上的地位，進而研究中共武警具備之功能與在國家安全上所扮演的角色。

四、從中共武警的角度及外在環境的變化，交叉探討武警制度在中共全力發展經濟的政策變革下，所遭遇的問題與挑戰及其未來走向。

最後，在此特別感謝共黨問題研究社張起厚先生，提供「武警機關與人事調查」一文，爲本書附錄。

高哲翰
邱伯浩
蔡　衡
蘇育平

第一篇
中國人民武裝警察的誕生與發展

第一章　從工人糾察隊、公安軍到「武裝警察」

第二章　當前中國武警

第一章　從工人糾察隊、公安軍到「武裝警察」

「槍桿子出政權」——這是毛澤東的基本信條。

自1921年7月1日中國共產黨成立以來，一直依附在國民黨內部，並在1924年與國民黨合作，後因北伐過程中與國民黨內部意見不合，造成國共分裂（寧漢分裂）。共產黨於1927年8月1日，發動以朱德、周恩來爲首的紅軍第四軍的「南昌暴動」，並與在湖南發起農民暴動的毛澤東合流上井崗山，最後在1928年4月，以毛澤東爲黨委、朱德爲軍長的「中國工農第四軍」誕生，從此展開與國民黨政府的戰爭（時爲國民政府稱之爲戡亂戰爭）。

在陸續收編彭德懷的「平江起義部隊」、劉伯承、鄧小平的「廣西百色起義部隊」之後，中國共產黨陸續擴大，後於1931年11月在江西省瑞金，成立以毛澤東爲主席的「中華蘇維埃共和國臨時政府」，毛澤東從此體會出，就是要憑藉著「槍桿子」才能跟國民黨周旋，才能奪得江山。所以，軍隊是中國共產黨奪取政權的直接力量，而在其黨的內部穩定力量則是「中國人民武裝警察」，簡稱「武警」。武警的名稱及性質隨著中共建政，及軍隊的變革而有所不同。

本篇依照中國人民武裝警察成立的時空順序來闡述中國共產黨的內層保障力量發展情形：（1）前建政時期（1921～1949）；（2）中國人民公安部隊（1949.10～1950.9）；（3）中國人民解放軍公安部隊（1950.9～1955.7）；（4）中國人民解放軍公安軍（1955.7～1957.8）；（5）中國人民解放軍公安部隊（1957.9～1958.12）；（6）人民武裝警察部隊（1959.1～1963.1）；（7）中國人民公安部隊（1963.2～1966.6）；（8）

解放軍獨立師、團、營、連（1966.7～1973.6）；（9）人民武裝警察（1973.6～1983.4）；（10）中國人民武裝警察部隊（1983.4～迄今）。

壹、前建政時期（1921～1949）

中國共產黨於1921年創黨，起初並未擁有自己的軍隊，而是藉由「國共聯合」寄生在國民革命軍中，並跟隨國民政府加入北伐行列。1927年，國共「寧漢分裂」，遭到國民黨以「清黨」名義對中共黨員進行屠殺，中共省悟到需建立自屬軍隊的重要性，因而開始建立「工農紅軍」，以進行其「農民起義」的行動。從共軍建軍迄1949年正式建國，在長達二十多年中共的所謂「土地革命戰爭」（抗戰前）、「抗日戰爭」和「解放戰爭」（抗戰後之國共內戰）的歲月中，中國共產黨一直置身於農村地帶發展。爲應付國民黨對其剿滅，中國共產黨乃依據實際情況需要，於不同時期成立其所需之警備保安力量。

在中國共產黨建軍後，開始進行「以農村包圍城市」的策略，奪取國民政府勢力無法觸及的農村控制權，並進行所謂「新民主主義革命」、「土地革命」的時期，中共的各「蘇區、根據地」政權就已經開始創設警衛機制，如各地工農紅軍下屬之「工人糾察隊、警備隊、警衛團、赤衛隊、保安團、保衛隊、政治保衛隊、除奸團、中央特科」等，雖名稱依各地與各時期而異，然皆肩負著其所謂的「保衛首長、警衛機關、肅清特務漢奸、看押罪犯與維護社會治安」等任務。1931年，中共「江西中華蘇維埃共和國中央工農民主政府」成立，制定了《中華蘇維埃共和國國家政治保衛局組織綱要》、《國家政治保衛局特派員工作條例》、《鄂豫皖區蘇維埃政府革命法庭組織與政治保衛局的關係與區別》、《西北政治保衛局暫時組織綱要》、《中華蘇維埃共和國地方蘇維埃暫行組織法》等法規條例，建立起屬於共產黨控制下的地方警察與保安武力，如共產黨中央「政治保衛大隊」等即是此類型的部隊。

中國共產黨於1932年6月在江西瑞金設立了「瑞金衛戍司令部」，結合1933年成立並隸屬於瑞金衛戍司令部的「中央警衛師」，擔任了「中華蘇維埃共和國臨時中央政府」的安全警衛與守備任務。歷經國民政府五次圍剿後，共軍突圍並轉移兵力往中國西北，至兩萬五千里大長征結束，中共落腳陝北延安之後，共產黨中央於1938年5月在延安成立「警察隊」，歸延安市公安局領導，主要任務在防止中央政府刺探中共的黨、政、軍情報，並保衛其領導同志和工作人員的安全，維護延安的社會秩序。

在對日抗戰（1937～1945年）期間，各中共控制下之蘇區、抗日根據地和解放區，先後建立不同名稱的執行公安保衛任務的人民武裝力量。如1938年，陝甘寧邊區在綏德設立「警備司令部」，警備第一團擔負米脂、葭縣、吳堡三個縣，警備第三團負責綏德、清澗、甘泉三個縣的守備任務，另有「警衛營」與「保衛營」負責延安之警備任務。1942年中共建立「中央警衛團」與「邊區保安團」，負責黨中央、軍委與邊區政府的警衛保安工作。

對日抗戰結束，國共內戰隨即開始，在中共「解放戰爭（1945～1949年，即勘亂戰爭）」時期，在已占領的中型以上城市指定駐軍機關擔任警備司令部，負責安全警衛任務，在一些重要的大型城市，和戰略要地也陸續設立「警備區」，這些城市駐軍最後有許多就成為後來公安部隊的前身。

在中共的「新中國」正式成立後，共黨政權仍然面對著許多嚴重威脅，內部呈現百業蕭條、百廢待舉的狀態，散處大陸各地零星的國民政府殘餘軍隊與游擊隊，以及敵視中共的地方傳統勢力皆伺機而動。共黨派至各地的中央官員多被殺害，中央為保衛其內部政治發展與經濟建設，並確保中央與地方各級黨與政府領導人的人身安全，以維護社會治安、鞏固「人民民主專政」，遂在北京成立了「中國人民公安中央縱隊」，同時在較大城市與沿邊沿海地區，以及少數民族地區建立起公安武裝，最後將所有這類型部隊統合起來，成立了「中國人民公安部隊」。

貳、中國人民公安部隊（1949.10～1950.9）

根據中共第一次政治協商會議（政協）在1949年9月29日通過的《中國人民政治協商會議共同綱領》中規定，「中華人民共和國建立統一的軍隊，即人民解放軍和人民公安部隊，受中央人民政府革命軍事委員會統禦，實行統一的指揮、統一的制度、統一的編制、統一的紀律」。1949年10月，中共公安部召開首次「中國公安高級幹部會議」，制定《整頓各級人民公安武裝的方案》，從1950年1月至5月，由公安部、各省公安廳、大城市公安局等根據此法案對大陸的公安武裝進行整編與擴建工作，以公安中央縱隊、地方公安武裝力量及部分野戰軍部隊爲基礎，組建起各地公安部隊。

同一時期，中共亦開始在邊境地區設立邊境管理機構與邊防部隊。1949年11月15日在公安部下成立了「邊防局」（公安部第四局），在大行政區的公安部設立「邊防保衛處（科）」，雲南、廣東、廣西、遼寧、吉林、旅大市等地成立「邊防保衛局（處）」等邊防管理機構，擔負對外口岸檢查、邊境治安管理的任務。

1950年6月，中共召開建國後舉行的第一次黨中央全會，即「中共第七屆三中全會」，在土地改革、財金、軍事、外交等各方面都提出了報告，聶榮臻針對解放軍與公安部隊的建制作出《關於人民解放軍整編問題的報告》。然而多位解放軍出身的中共軍政領導人，多數不認同公安部隊獨立於解放軍的設計，因此公安部隊甫成立即開始受到納編於解放軍序列的壓力，且在之後的三十年間不斷在獨立兵種與納編於解放軍兩者之間搖擺。

一、國際情勢方面

1950年6月25日，韓戰爆發。北韓軍隊一度橫掃南韓，然而在以美國為首的聯合國軍隊迅速介入下，北韓軍隊不但被驅回北緯38度線以北，並直逼大陸邊界。毛澤東在蘇聯的授意下，以「抗美援朝志願軍」的名義派遣軍隊，在彭德懷的率領下跨越鴨綠江進入北韓。1950年10月，中共人民公安部隊奉中央軍委命令，也組織了「中國人民志願軍公安部隊」開赴朝鮮半島參戰。

在戰爭進行中，「中國志願軍公安部隊」與解放軍協同配合，執行「維持戰地與後方治安、監視敵機、押運物資、保護交通運輸安全、清剿匪特、防空護路、警備城市、糾察執法和看押俘虜」等任務，也就是軍事警察工作。

二、國內局勢方面

自1949年中國共產黨新政權正式成立後，在大陸各地有大小數量不等的地方勢力盤據，危害中共對大陸的統治，中共中央政府派駐各地的地方官員亦有許多遭到殺害的案例，對大陸內部的統治造成了嚴重的威脅。為徹底消滅地方勢力，中共中央軍委先後抽調解放軍6個兵團、41個軍、140多個師的主力部隊，結合新成立的「中國人民公安部隊」，展開大規模清剿的鬥爭，此即「鎮反運動」。

中共為了保證「鎮反剿匪」作戰的順利進行，中共中央於

1950年10月10日發出《關於糾正鎮壓反革命活動的指示》，並於1951年2月21日頒佈《中華人民共和國懲治反革命條例》，提出「軍事進剿、政治瓦解、發動群眾武裝自衛三結合」的方針，以及「鎮壓與寬大相結合」、「首惡者必辦，脅從者不問，立功者受獎」的政策。在1950年至1953年的四年期間，公安部隊配合解放軍野戰部隊消滅了大量的「地方勢力」與所謂的「武裝特務」，全大陸共逮捕各種「反革命分子」129萬人，管制123萬人，並處決了其中「罪大惡極」的71萬人（數字不可謂不驚人），貫徹了共產黨中央「除惡務盡，不留後患」的指示，猖獗一時的所謂特務、地下軍以及「反動」的「會、道、門」等黑社會組織基本上都被肅清，新生的中共政權因而獲得了有效的鞏固，並為開展所謂「民主改革」（即共產黨一黨專政）與恢復國民經濟創造了良好的社會環境。

參、中國人民解放軍公安部隊（1950.11～1955.7）

公安部隊是一支單純執行內衛任務的部隊，並沒有如後來武警部隊所擁有的各類型專業部隊。然而以其分佈面廣，對內控制力強之性質，使解放軍致力於控制這支武裝力量，因此在1950年6月中共七大三中全會後，解放軍即將公安部隊納入其編制中，並在1950年9月22日，由中央軍委發佈《關於成立公安部隊領導機構的電令》，以解放軍第20兵團的領導機構、人員爲基礎，於1950年11月8日在北京成立了「中國人民解放軍公安部隊司令部」，羅瑞卿爲第一任的「中國人民解放軍公安部隊」司令員兼政委，程世才任副司令員，李天煥任副政委。同時，解放軍公安部隊相繼在「中南、華東、華北、西北、西南」五大軍區成立了五大軍區公安部隊和鐵道公安部隊的領導機構，並持續整編各地公安武裝的動作。至1951年10月整編結束，共編有一個人民公安縱隊（駐北京），二十二個公安師（省級），三個公安團，及若干「公安大隊」、「公安中隊」、「公安隊」等正規公安部隊，共有64萬餘人。

1952年，在中共中央軍委制定的《軍事整編計畫》中，把中共武裝力量劃分爲「國防部隊」和「公安部隊」兩種。計畫中規定，將屬於國防軍性質的解放軍全軍員額由627萬人縮編爲341萬人，縮減了28.3%，並將全軍總員額保持在300餘萬人左右，國防軍步兵部隊減員過半（由274萬裁減爲134萬人），特種部隊略有擴大（由61萬擴增爲84萬人），地方部隊則由95萬人縮編爲7萬人，再移編爲公安軍，公安軍自身亦由64萬人縮編爲53萬餘人，縮編了31.6%的員額。人民解放軍與公安部隊統一編制體制，確定了武裝力量的組織系統與指揮關係，統一成立省軍區、軍分區和縣市人民武裝部（人武部），領導地方武裝。中國內衛部隊、邊防部隊、地方公安部隊則統一整編爲「中國人民解放軍公安部隊」，隸屬於中央軍委，擔負內衛與邊防任務。

在整編爲中國人民解放軍公安部隊之後，鎮反運動繼續進行，1952年7月中旬至9月中旬，西南公安部隊與軍區成功擊滅了盤據在四川黑水地區的傅秉勛，殲敵3,635名，繳獲六〇砲九門、輕重機槍41挺、長短槍支3,772支、子彈十萬餘發與電台五部。

1953年3月，西北軍區公安部隊參與攻擊馬良的草地戰役，共殲敵1,400餘名，打擊了國民政府在川、甘、康、青建立反共基地的企圖。同年7月16日開始的東山島戰役，公安部隊八〇團負責守備東山島，在增援部隊配合下，八〇團對國民政府部隊之攻勢進行了防禦與逆襲，後成功守住東山島。

1954年，中共公安部隊密切配合公安幹警行動，組織便衣分隊對散匪實行搜捕緝拿，共殲滅敵人1,000餘名，繳獲機槍2挺，長短槍支410餘支。

1955年，公安部隊組織33,500名兵力執行剿匪，廣泛發動群眾，組織精幹武裝，採取「軍事進剿、政治瓦解、使緝破案相結合」的鬥爭形式，先後殲滅朱德香、張南洋、王生仔、傅先洲、黃理正等十八股地方勢力。至此大陸各地的地方勢力幾已殄滅殆盡。

另外，國民政府自撤退至台灣後，數十年間未放棄反攻大陸的企圖，初期也不斷空投工作人員至大陸進行敵後活動，至1950年韓戰爆發後更大幅增加此類行動，毛澤東因而下達「對可能空降特務的山區，設武裝便衣據點，專門對付空降特務」的指示。中共中央軍委公安司令部於1952年12月18日召開各大軍區公安部隊司令員會議，確定在大陸各重點山區建立154個武裝便衣據點，共使用兵力7,000餘名，與地方公安機關密切配合，深入調查、熟悉地形、組織「對空監視哨」，並對空降特務進行圍剿、追捕。

整個「鎮反運動」初期乃是爲了肅清爲害社會治安之盜匪，但最後卻成爲中國共產黨清除異己的藉口，因此出現大量「過左」現象。許多無辜民眾受到冤屈與無辜牽連，造成許多地區民眾的恐慌與暴動不斷，中共受到黨內外龐大的壓力，因而召開五次的「中國公安會議」，規定鎮反工作採取謹慎收縮的方針，「有反必肅，有錯必糾」，申明了「重證據而不輕信口供」，嚴禁逼供和肉體刑求，並將逮捕權收回到「地委專署」一級，進行檢查與甄別平反工作，糾正了一些鎮壓中所發生的錯誤。

肆、中國人民解放軍公安軍（1955.7～1957.8）

1955年7月至1957年8月，中共中央軍委根據《定型定額整編方案》，將「中央、大區與省」的解放軍公安部隊改編爲「中國人民解放軍公安軍」，成爲解放軍「陸軍、海軍、空軍、防空軍、公安軍」五個軍種之一，授予軍的番號；另外，把「專區與縣」的公安武裝移交地方公安機關，改爲「人民武裝警察」。國務院公安部成立「武裝民警局」，各省公安廳則成立「武裝民警處」，恢復了1952年以前的形式。至於擔任島嶼、要塞守備任務的「邊防公安武裝」則劃歸中共中國十二個大軍區的各軍區建制序列，中央、大區與省的直屬公安部隊改爲公安軍，中央軍委與各軍區的「公安部隊司令部」改爲公安軍司令部，撤銷了「省公安總隊」機構，由省軍區兼公安司令部。

中共「公安軍司令部」轄有32個公安師，12個獨立公安團，兵力約40餘萬人。

伍、中國人民解放軍公安部隊（1957.9～1958.12）

1956年7月至9月，中共召開第八次中國人民代表大會，是中共取得大陸政權後第一次的全國代表大會。鑑於建政以來人口快速增加，然而人民生活水準卻沒有上升，因此第八屆人大指出，當時的基本任務乃在「發展生產力」，以解決當時經濟文化無法滿足人民需要的問題。爲貫徹黨中央的「八大」精神，中共決定裁減軍隊數量；於是，1956年11月25日頒佈《關於裁減軍隊數量加強質量的決定》，預定把解放軍員額再裁減三分之一，以保持在250萬人的標準上。在裁軍的同時，則計畫撤銷防空軍與公安軍作爲獨立軍種的地位，將防空軍與空軍合併，公安軍則併入解放軍陸軍指揮序列。於是在1957年1月撤銷了公安軍領導機構，改稱「中國人民解放軍公安部隊」，原公安軍司令部縮編爲「中國人民解放軍總參謀部警備處」，負責研究與指導中國內衛、邊防業務，指揮領導直屬的公安部隊。七個軍區的公安軍司令部亦於1957年3月至8月先後遭到撤銷，瀋陽、北京、濟南、蘭州軍區司令部設「警備處」或「衛戍勤務處」以取代。其他軍區則由作戰、情報等有關部門負起內衛、邊防的業務工作。

政治上從1957年開始，中共開展「整風」、「反右派鬥爭」，把一大批知識分子及欲打擊的黨內幹部劃爲「右派分子」，予以嚴重的批鬥與迫害。中國計有55萬人以上被劃爲右派分子，遭到嚴重的迫害。

在中共瘋狂的反右派左傾鬥爭後，毛澤東接著再開始了「大躍進」與「人民公社運動」，在「社會主義建設總路線」的口號領導之下，高舉「三面紅旗」，進行各種農、工生產的大躍進，當時的口號是要「超英趕美」，結果導致大陸內陸大規模的飢荒，造成數千萬人民餓死的慘劇。

陸、人民武裝警察部隊（1959.1～1963.1）

1958年5月至7月，中共中央軍委召開會議，爲降低國防費用，以加速國家建設，遂擬定了改變軍隊組織體制的新辦法，解放軍許多單位都遭到裁併，如訓練總監部、通信兵部、防化兵等劃歸總參謀部；總幹部部、軍事法院、軍事檢查院劃歸總政治部等。黨中央同時批准中央軍委《關於公安部隊整編問題的報告》，決定將公安部隊擔負看押勞改犯、守護鐵路和一般廠礦的內衛部隊，中蘇、中蒙、中韓、中越邊境、沿海港口的邊防部隊及警衛外國使館與省以下機關的公安部隊，連同其機關學校，共約60萬人，一併撥交公安機關，改名爲「人民武裝警察部隊」。原「總參謀部警備處」與公安部十六局合編爲「公安部四局」；各省公安廳以「武裝民警處」爲基礎成立「人民武裝警察總隊部」，分屬各級公安機關領導。

1961年11月12日，中共爲進一步加強人民武裝警察部隊的領導與建設，控制對這支部隊的政治思想方向，以增強組織紀律性、提高戰鬥力，於是批准了公安部《關於改進人民武裝警察部隊領導體制的報告》，撤銷了武裝民警處，規定人民武裝警察部隊的建制仍屬公安機關，領導體制改由軍事系統和公安機關「雙重領導」（第一次雙重領導），在執行公安任務和公安業務方面，受公安部領導。

1962年秋，召開中國共產黨八屆十中全會，毛澤東提出並決定了中共在社會主義歷史階段的基本路線，即：「社會主義歷史階段中，還存在著階級、階級矛盾和階級鬥爭，存在著社會主義同資本主義兩條道路的鬥爭，存在著資本主義復辟的危險性。要認識這種鬥爭的長期性和複雜性，要提高警惕，要進行社會主義教育，要正確理解和處理階級鬥爭問題，正確區別和處理敵我矛盾和人民內部矛盾……」。毛澤東之所以講「階級、形勢和矛盾問題」是他認爲，資產階級仍然存在且企圖復辟，並成爲黨內修正主義的根源，要重提「階級鬥爭」，才能清除這個矛盾。於是中國共產黨繼1957年反右派鬥爭之後，再度發起「基本路線」的左傾風，在城市與鄉村中進行整風整社、反右階級鬥爭，再次有大量的知識分子遭受迫害與鬥爭，人民武裝警察在這些鬥爭運動中，自然扮演著共產黨打擊異己的打手角色。

柒、中國人民公安部隊（1963.2～1966.6）

1963年1月16日，中共中央軍委與國務院公安部電令恢復「中國人民公安部隊」的名稱，自2月1日起生效，唯建制與領導關係不改變，繼續由軍事系統和公安機關雙重領導。從中華人民共和國建國至目前為止的近十五年中，在兼顧作為軍事武裝力量與公安工作的實際需求，歸納出這支部隊在領導體制上的經驗與優缺點，調整改善各項內外條件，縮小矛盾，可說是武警部隊建設的一個重要發展時期。

「中國人民公安部隊」於各省、直轄市、自治區各設一個總隊，專區設支隊，縣設中隊，此時已略有今日武警部隊之規模與形式。

捌、解放軍獨立師、團、營、連（1966.7～1973.6）

1966年文化大革命開始，5月時中共「中央政治局擴大會議」通過了《中共中央五一六通知》，號召全黨高舉無產階級文化大革命的大旗，在毛澤東的授意、林彪的一手導演下，中國共產黨「中央書記處」多人遭受批判，是時身兼中共中央書記處書記、中央軍委秘書長與總參謀長的羅瑞卿，即被列為「彭、羅、陸、楊（彭眞、羅瑞卿、陸定一、楊尙昆）反黨集團」之一員，被加上「篡軍反黨」的罪名，遭撤銷職務並進行調查，公安部隊被定位為羅瑞卿的黑部隊，因此遭到整肅。依照毛主席的指示，黨中央與中央軍委決定自7月1日起撤銷「公安部隊」這個兵種（完全解編），統一整編進中國人民解放軍，公安部隊的領導機關則改編為「第二砲兵」的指揮領導機構，中國的公安部隊分別整編為獨立師、團、營、連和縣、市中隊，歸各省軍區或衛戍區（警備區）建制領導。因政治的惡鬥，將公安部隊完全解編，與中國歷史上因皇帝懷疑將領的操守而將其兵權回收及部隊打散一般。

在中國腥風血雨的「造反」狂潮中，共軍也在造反派「砲打司令部」、「無產階級奪權」等號召下受到一定程度的波及，然而槍桿子的實力畢竟不容小覷，1967年1月下旬，在一次中國共產黨中央軍委常委會上，林彪提出要在軍隊中搞所謂的「大民主」，也要在軍中造起反來，結果遭到幾位軍委副主席元老葉劍英、徐向前、陳毅、聶榮臻等解放軍老元帥極力反對，並合力起草了《軍委八條命令》，保持了解放軍的中立。

林彪與江青的四人幫在文化大革命期間同時掀起「砸爛公檢法」的一股浪潮。中共的公安工作與審、檢體系遭受到嚴重的干擾與破壞，公安部隊被汙衊為是羅瑞卿的黑部隊，各地法院、檢察院與公安派出所皆被破壞而陷入癱瘓，中國社會治安進入黑暗期。

玖、人民武裝警察（1973.6～1983.4）

到了文革中、後期，公安部門逐步得到恢復，公安部隊又由解放軍系統逐步回歸公安部門領導與管理。1973年6月8日，國務院與中共中央軍委決定將大陸的邊防檢查站交由公安部門建制領導，1975年10月15日又決定將縣、市公安中隊交歸公安機關，改爲「人民武裝警察」，由軍事系統與公安機關雙重領導。1976年則將沿海的獨立師改爲「邊防武警總隊」，邊防、內衛等部隊逐步脫離解放軍系統，並爲之後納入武警序列打下基礎。

1976年大陸文革結束，四人幫勢力遭到粉碎，華國鋒暫時掌權，鄧小平再度復出。1978年12月18至22日，中國共產黨召開十一屆三中全會，批判了以華國鋒爲首的保守派「兩個凡是」的政治方針，停止使用「以階級鬥爭爲綱」的口號，將全黨工作重點轉移到社會主義現代化建設上。全會同時通過了恢復鄧小平領導職務的決定。從此，鄧小平改革開放的大方向取代了華國鋒保守的「兩個凡是」論點，恢復了中國共產黨傳統的「民主集中制」與「集體領導原則」，也爲許多冤假錯案摘掉了帽子，但卻已有難以數計的人在這場文革風暴中失去了一切。

中國共產黨十一屆三中全會確定了軍隊建設重點，黨中央、人大常委會與國務院也先後對治安工作，和公安體制改革等方面作了一系列重要指示。1978年3月，第五屆人大第一次會議通過了《關於兵役制度問題的決議》，開始實行義務兵和志願兵相結合的兵役制度，解放軍與人民武警部隊一體適用。1981年6月27至29日中國共產黨召開十一屆六中全會，一是通過了《關於建國以來黨的若干歷史問題的決定》，對多年來「左」傾錯誤和毛澤東晚年的錯誤作了分析與批判，但也同時維護了毛澤東思想作爲黨指導思想的地位，以免中國共產黨的統治基礎受到動搖；二是對黨中央領導班子作了調整，華國鋒的中國共產黨主席與軍委主席的職務遭剝奪，由胡耀邦擔任中共中央委員會主席，鄧小平則擔任中央軍委主席，然實際上是由鄧小平掌握大權。

拾、中國人民武裝警察部隊（1983.4～迄今）

1982年3月12日中國共產黨中央在《關於人民武裝警察管理體制問題的請示報告》中決定將中共「內衛執勤部隊」移交公安部門領導管理。同年6月19日再度決定將內衛執勤部隊與1973年、1975年移交的「邊防部隊」、縣市中隊及原來實施義務兵役制的「消防警察」統一起來，重新組建「中國人民武裝警察部隊」。同年8月，國務院公安部召開「武警部隊組建工作會議」，並於次年1983年4月5日於北京成立「中國人民武裝警察總部」，並在各省、自治區、直轄市相繼成立武警總隊，各地（市、州、盟）公安處成立武警支隊，各縣（市、旗）成立武警大隊或中隊。

1984年，原爲解放軍基建工程兵的「水電、交通、黃金部隊」及「武裝森林警察部隊」列入人民武裝警察部隊序列。武警部隊屬於國務院編制序列，由國務院與中央軍委雙重領導，武警總部接受公安部的領導和指揮，總隊及其以下的武警部隊接受同級公安機關的領導，因而武警又是公安機關的組成部分，列入公安機關序列，屬於「人民警察」的一個警種。

1984年5月，中共第六屆人大第二次會議通過了《中華人民共和國兵役法》，實行以義務兵爲主體、義務兵與志願兵相結合、民兵與預備役相結合的兵役制度，同樣適用於解放軍與武警部隊。

此外，爲了騰出更多的錢來從事經濟建設，鄧小平做出軍隊建設指導思想的戰略轉變，即要充分利用可見的較長時間內不會發生戰爭的和平環境，在著眼國家經濟建設大局的前提下，抓緊時間進行有計畫、有步驟的以「現代化」爲中心的基本建設，提高中共黨政軍系統的軍政素質。爲實現此一戰略轉變，1985年6月黨中央與中央軍委做出「裁軍一百萬」的重大決策，意在將節省起來之人事經費用於軍備的改良與獲取先進軍事科技上，並藉機裁汰冗員與不合乎效益之大量步兵部隊，計畫至1987年初步完成，部分裁減的中國人民解放軍則移交到武警部隊。

1989年4月至6月間，北京發生學生民主運動，大學生由紀念已故中共總書記胡耀邦的遊行，演變到後來成爲要求中共進行改革的示威浪潮，並在天安門廣場進行大規模絕食抗議。以鄧小平爲首的部分元老領導人決心進行鎮壓，但是輕裝的武警部隊無法有效掌握狀況，因此共產黨調集解放軍重裝備部隊進入北京，終於在6月4日以槍、砲、坦克一舉完成了對天安門廣場的血腥「清場」，粉碎了中國所謂的「反黨反革命動亂」。

六四事件結束後，1989年6月23至24日，中國共產黨召開十三屆四中全會，得勝的保守勢力在會中高度評價以鄧小平爲首的「老一輩無產階級革命家」在六四鬥爭中所發揮的重大作用，以及解放軍、武警、公安幹警所做的貢獻，全會強調要繼續堅持黨的路線、方針與政策，並決定撤銷趙紫陽中共總書記的職務，並推舉「江澤民」爲中國共產黨總書記，至此江澤民由默默無聞的上海市長一躍成爲鄧小平欽點的接班人。

1989年11月6日至9日，中共十三屆五中全會在北京召開，全會討論並通過了《中國共產黨十三屆五中全會關於同意鄧小平同志辭去中國共產黨中央軍事委員會主席職務的決定》，並在充分醞釀的基礎上推舉江澤民爲「中央軍委主席」，楊尚昆爲第一副主席，劉華清爲副主席，楊白冰爲中央軍委秘書長。至此江澤民已取得黨權與軍權，成爲繼毛澤東之後另一個「黨政一把抓」的中國領導人。

自擔任軍委主席開始，江澤民自知沒有鄧小平般的威望可以在軍中壓住陣腳，因此如何掌握軍權就是一項很大的挑戰。除了掌握解放軍之外，在承平無外敵的環境下，掌有對負責「內衛」的武警部隊的控制權可以說是江澤民首要著力的重點。因此，江澤民在上臺後首先就是一步步地將喬石以「中央政法委員會書記」身分一手掌握的武警部隊完全納入中央軍委系統指揮。在趙紫陽時代，武警總部的首長任命是由國務院單獨發佈，江澤民時代則由國務院與中央軍委共同發佈，國務院不過是掛虛名而已。因此無論是喬石還是之後的任建新，中央政法委員會書記只要不具中央軍委職務，就再無可能參與武警總部人事安排。此外，武警部隊是比照解放軍「大軍區級」，軍政人員之任命僅由中央軍委決定，無需上呈中國共產黨政治局常委會徵求同意，因此，江澤民有完全的自由在武警部隊中安插自己的人馬，鞏固對武警部隊的控制。

1990年2月，中國武警部隊領導體系大變動，由解放軍二十四軍軍長周玉書出任武警司令員，二十七軍的徐壽增出任武警政委，此番人事安排即是出於鞏固以江澤民為核心的新領導階層為考量的。

1992年10月12至18日的中國共產黨第十四次中國代表大會與在19日隨即召開的十四屆一中全會中，除了將馬列主義與中國實際相結合的實踐列入黨章作為黨的基本路線、加快改革開放與現代化建設的腳步之外，同時選舉產生新的領導結構，選出了江澤民、李鵬、喬石、李瑞環、朱鎔基、劉華清、胡錦濤為中央政治局常委，江澤民為中央委員會總書記與中央軍委主席，劉華清、張震為軍委副主席，尉健行為中央紀律檢查委員會書記，江澤民作為中國共產黨總書記與中央軍委主席的地位得到穩固。

1995年中央軍委與國務院聯合頒發的《關於調整中國人民武裝警察部隊領導體制的決定》中加強了黨中央、中央軍委對武警部隊的控制，地方公安機關不再能夠順利且任意地使用與調動武警部隊，共產黨「抓好槍桿子、握好刀把子」的傳統再度得到落實。

1996年3月15至31日在北京舉行的第八屆中國人大第一次會議中，選舉江澤民爲「中華人民共和國國家主席」，榮毅仁爲副主席，喬石爲常委會秘書長；確認江澤民爲中央軍委主席，劉華清、張震爲軍委副主席，遲浩田、張萬年、于永波、傅全有爲中央軍委委員；同時通過李鵬爲國務院總理，任建新爲最高人民法院院長，張思卿爲最高人民檢查院檢察長。江澤民一人身兼國家主席、中國共產黨總書記、中央軍委主席三職，可以說完全掌握了中國黨、政、軍的最高控制權，此時鄧小平已病重，無法視事，江澤民的領導已經完全取代了鄧小平的領導。1997年鄧小平逝世，7月香港回歸，江澤民掌握了國家、軍隊與黨的大權，開始正式實行自己的意志，統治一個各方面都越趨成熟與強大的中國。

在武警部隊的發展方面，1996年起陸續有解放軍遭裁撤部隊改編入武警部隊。1997年9月，江澤民在中國共產黨十五大宣佈，在三年內中國軍隊將再裁減50萬人，以優化結構，順應「高技術戰爭」的要求。解放軍的陸軍步兵師首遭裁減，撤銷了部分集團軍和師、團建制，並將一批乙種步兵師改編爲武警部隊和預備役部隊。至1999年底，裁軍50萬的任務完成；其中，陸軍精簡18％，14個解放軍乙種師，共計20萬人，移編成14個武警機動師，分駐中國七大軍區。

1997年2月19日，鄧小平去世，然而江澤民繼任的基礎已經穩固，因此並未有任何政治上的大變動發生，武警部隊也和解放軍一樣，宣稱要更加緊密地團結在以江澤民爲核心的黨中央、中央軍委周圍，堅定不移地聽從指揮，並按照中共軍委主席江澤民「政治合格、軍事夠硬、作風優良、紀律嚴明、保障有力」的總要求，做好部隊建設與任務的執行。

2000年10月，中央軍委組織了「全軍科技練兵」交流、演示活動，調集陸、海、空、二砲、武警部隊數萬人在北京、內蒙、遼寧、吉林、渤海等地進行高技術實兵實彈演練和網上對抗等演練，交流演示了數百項訓練成果，全軍科技練兵取得了一定的成就，武警部隊也開始進入科技練兵、網路指揮自動化、訊息戰等領域之中。

在社會治安維護方面，鑑於九〇年代以來社會犯罪事件層出不窮，在2001年中國治安工作會議後，中國共產黨中央與國務院於2001年4月3日下令進行「嚴打」整治鬥爭，集中力量，打擊犯罪分子的囂張氣焰，這是中國改革開放以來第三波「嚴打」。武警總部接獲命令後，於4月5日召開動員大會，進行緊急部署，各地武警內衛部隊、特警部隊、武警機動部隊等部隊大規模出擊，積極配合公安機關開展「打黑除惡」的鬥爭，在福建、河南、貴州、江西、遼寧、吉林、青海等中國各地徹底摧毀數百個犯罪幫派組織，依法懲治了數千名犯罪分子，略爲抑制了犯罪氣焰。

2001年9月11日美國遭受恐怖分子恐怖自殺式攻擊，世界各國紛紛加強對國內安全的警戒，同樣受到分離主義恐怖攻擊威脅的中國也呼應美國在全世界打擊恐怖分子的呼籲，並在美國對窩藏奧薩瑪賓拉登的阿富汗發起攻擊之前後，在中國與阿富汗接壤的新疆喀什地區部署重兵防禦，至少有十個師的解放軍與武警精銳部隊嚴密封鎖了中阿邊境，務求恐怖分子與難民無法進入中國國境。

2001年10月在上海舉辦的APEC亞太經合會，中國也特別加強了對與會各國元首與部長的警衛與場地安檢工作，一隊隊的武警部隊充斥在會場各角落，不但安檢工作做到滴水不漏，武警部隊也在全世界的媒體上大大的出了一番鋒頭。

如今，面臨2002年中國共產黨十六大，黨、政接班的形勢，維持「穩定」成爲中國最強調的訴求。在經濟上保證全年經濟成長率持續地高幅度成長（保七「7%」）；社會秩序上保證不讓犯罪影響社會安定；政治上嚴防外國勢力和平演變；國防上加速軍隊高科技現代化；黨的領導上堅持絕對領導與黨指揮槍的原則等，務求維持中國共產黨統治的穩定性。

第二章　當前中國武警

壹、現代武警組織與政治角色功能

貳、政治思想工作

參、武警執勤任務

肆、教育訓練

伍、武警警用裝備

陸、警民關係

中國武警平時執行國內公安保衛任務，戰時則協助中國解放軍進行軍事作戰，其主要職能是：（1）保衛中國共產黨建立的「人民民主專政」制度、保衛「四化建設」；（2）維護中國國家主權和尊嚴；維護國內社會治安；保護公民的民主權利、人身安全和合法權益；（3）保衛中國國內重要目標的安全等。

武警2001年五大任務

在「武警2001年五大任務」的內容中可以看出武警部隊今後著力的要點與目標，值得參考：

（1）堅持黨對部隊的絕對領導，以「三個代表」爲主線，全面加強黨組織及思想政治建設。

（2）高標準落實「保中心」之要求，圓滿完成執勤、處突任務。

（3）確保部隊安全穩定，加大依法從嚴治警之力度。

（4）落實「司令部建設綱要」，以提高「全面建、整體上」的質量。

（5）增強綜合保障能力，以加強後勤管理及改革工作。

壹、現代武警組織與政治角色功能

一、武警部隊組織

（一）武警部隊編制

武警部隊歸屬國務院與中央軍委雙重領導。在公安部層級設有武警總部；省、自治區、直轄市層級設武警總隊；地、州、市、盟層級設武警支隊（團級）；沿海與沿邊的縣、市、

表一　武警部隊與公安統屬層級對照表

行政機關層級	公安機關層級	武警機構層級
中央	公安部	武警總部（大軍區級）
省、自治區、直轄市	公安廳	武警總隊（副軍級）
省轄市、地區、自治州、盟、直轄市所屬區	公安局	武警支隊（團級）
縣、市、自治縣、旗公安局與城市公安分局	公安局與公安分局	武警大隊（營級） 武警中隊（連級）
市、縣所轄大、中城市與鄉、鎮	派出所	武警分隊（排級）

※筆者自行整理。

旗公安局設武警大隊；縣設武警中隊（連級）。武警部隊受各級公安機關的領導，並受上級人民武警部隊的領導。

相對於解放軍之軍、師、團、營、連、排編制，武警部隊使用總隊（副軍級）、支隊（團級）、大隊（營級）、中隊（連級）、小隊（排級）、班的編制。解放軍一個師擁有約一萬人的編制，武警總隊則有兩至三萬人不等的兵力，各總隊司令部位在各省會、自治區首府與直轄市，掌握有三至五個直屬支隊；另有地方支隊部署於各省轄市與自治州、盟、地區，支隊之下再派出中隊分駐在各縣、旗等地方，因此武警部隊即以如此面廣線長的方式深入大陸各地，成爲中國共產黨對內控制的最佳眼線與耳目。而在武警總部「建機動隊」的要求之下，各總隊同時亦掌握至少一個機動支隊，專責機動處突支援任務，可在省境內發生突發狀況時隨時投入機動支援，快速集中優勢兵力將突發或危安事件消弭於初起，防止事態擴大到鄰近地區。

中共武警部隊依照建軍精神執行解放軍的條例條令，故依法遵守解放軍《三大紀律八項注意》的條令，而在部隊內部，則必須遵守貫徹《軍隊基層建設綱要》，以及中共軍委主席江澤民於1998年重新頒佈的《內務條令》、《紀律條令》、《隊列條令》、《警備條令》等軍隊建設的重要文件，從嚴治軍，加強武警部隊的「正規化訓練」，所謂的「正規化」就是「條令化」，用條令條例來規範部隊，建立正規的戰備、訓練、工作和生活秩序，而不是如以往一般的因地制宜，處處不同。而在執行其內衛治安功能時則遵守《公安人員八大紀律十項注意紀律》和《政法公安人員守則》等政法機關紀律，秉持「爲人民服務」的精神來執行其任務。

(二)武警官、士、兵

中國武警實行志願役與義務兵役合一制，執行中國解放軍的條令、條例，按照解放軍的建軍原則與宗旨，自1983年組建後，開始進行所謂「結合武警特色」的建軍計畫，平日配合公安政法機關維護社會秩序與安寧，出現社會騷動或意外災害時則集結優勢兵力進行「處突」或救災，此外不忘軍事演練備戰，在戰時可充分配合解放軍進行軍事作戰，或扮演維持內部安定的角色。

武警雖屬於中共軍事武力集團的一支，然其法律地位仍爲警察，因此必須依照警察身分制定其本身之規章制度。1988年，武警部隊參照解放軍之《中國人民解放軍軍官軍銜條例》，由國務院、中央軍委頒佈《中國人民武裝部隊警官警銜制度實施辦法》，實施警官警銜「三等九級」(即將、校、尉三等，又可細分爲中將、少將、大校、上校、中校、少校、上尉、中尉、少尉九級)、士兵「二等七級」制度，打破了以往只區分幹部與士兵兩種等級的模糊劃分法，是中國武警部隊制度的一項重大改革，也是中國努力加強其部隊現代化、正規化的重大措施。

武警部隊警官階級警銜乃依照解放軍軍官階級軍銜制度依樣畫葫蘆而來，可分爲：大軍區正職(武警司令員)爲中將，正軍職(總隊級)爲少將，正師職爲大校，正團職(支隊級)爲上校，正營職(大隊級)爲少校，正連職(中隊級)爲上尉，正排職爲少尉。同時亦規定現役軍官晉升期限：少尉升中尉爲三年，中尉升上尉、上尉晉升少校、少校晉升中校、中校晉升上校、上校晉升大校各爲四年，大校以上軍銜晉升爲「選升」，以軍官所任職務、德才表現和對國防建設的貢獻而定。法規中規定的最高警銜爲中將，現任武警司令員吳雙戰即爲中將警階，然而前武警司令員楊國屏與現任武警政委徐永清皆因功升至上將，以致出現過上將警階，然此非常態，可以視之爲特例。

在武警士官與士兵方面，根據中國1988年頒佈之《關於評定授予士兵警銜工作的指示》和《士兵編制警銜規定》，武警總部依據士兵現任職務、服役年限、德才表現，全面授予武警士兵警銜，當時將士兵警銜分爲「二等七級」，所謂二等就是「士官」與「士兵」兩種等級，可再細分爲：警士長、專業警士、上士、中士、下士、上等兵、列兵七級。在士官制度上，十年後已再度地加以修正。1998年12月，中共人大通過了關於修改兵役法的決定，並在1999年6月30日由中央軍委與國務院批准了關於修改《中國人民解放軍現役士兵服役條例》的決定，內容有三個重點：（1）將兵役制度由「以義務兵爲主體」改爲「義務兵與志願兵相結合，民兵與預備役相結合」的作法；（2）改善義務兵服役制度，役期統一縮短爲二年；（3）將「志願兵」制度改爲「士官制度」，士官等級則分爲：高級士官（六級士官、五級士官）、中級士官（四級士官、三級士官）、初級士官（二級士官、一級士官），廢除「軍士長、專業警士」的稱呼。

其中，第三項的改革士官制度，突破了過去解放軍與武警「志願兵」只能由義務兵中改選的規定。一方面允許直接招收非軍事部門的技術人才為「技術士官」；另一方面部隊中所有的建制班班長都改成「非專業技術士官」，志願兵也全部改為士官，實行「士官服役分期制」、「士官軍銜工資對應制度」等，士官的待遇與福利進一步提高，並有了女性士官的加入。目前解放軍與武警的士官佔士兵的比例已接近40%，有的專業軍人兵種更達到60%以上，武警部隊執行解放軍條令與條例，在警士制度改革上與解放軍同時進行，於1999年12月1日起實行新的警士制度。而在士兵方面，服現役第一年的義務兵授予「列兵」軍銜，服現役第二年的士兵則晉升為「上等兵」軍銜。武警部隊與解放軍作法是一致的。

士官服役分期制	士官服役的年限分為：第一期三年、第二期三年，由團（支隊）級單位批准；第三期四年、第四期四年由師（總隊）級批准；第五期五年、第六期九年以上由軍（總隊）級單位批准。
士官軍銜工資對應制	新條例規定士官實行有別於傳統「津貼制」的「工資制」和「定期增資」制度，執行「三結構」工資制，即由基礎工資、軍銜級別工資和軍齡工資組成，明確士官享受國家補助和保險待遇。經過改革後，第一、二級初級士官工資與福利接近排級軍官工資水準，第三級以上的士官工資標準、年資標準和各種補助津貼，分別比照同期入伍、正常晉升的連、營、團職軍官的標準。

武警總隊以上的人事異動乃由中央軍委決定，中央軍委會視情況將武警領導幹部與解放軍領導幹部相互交流對調，意欲增進解放軍與武警部隊兩者在軍事行動方面協調配合的關係，這點在近年來武警在共軍演習中大量出現有著密切關係。

中共已故總理周恩來曾說：「國家安全，公安繫於一半。」說明了公安機關在鞏固中共「人民民主專政」上的重要地位。武警部隊是中國武裝力量的組成部分，又是公安部門的組成部分，是以「軍事手段」執行國家安全保衛任務的武裝集團，任務是維護「國家」主權和尊嚴、維護社會治安、保衛國家經濟建設、保衛人民生命財產的安全、爲社會與人民服務。

武警部隊作爲中共三大武裝力量組成之一，自組建起開始進行有武警特色的建軍計畫，即結合解放軍與公安部隊之建設計畫，以爲百萬武警部隊之建軍、執勤準繩。武警部隊在法律上必須執行解放軍《三大紀律八項注意》的條令，而在執行其內衛功能時則必須遵守《公安人員八大紀律十項注意》和《政法公安人員守則》等紀律，因此受到的約束比解放軍與公安隊伍較多。

條令 名稱	解放軍《三大紀律八項注意》	《公安人員八大紀律十項注意紀律》	《政法公安人員守則》
制訂背景	毛澤東所定，1947年10月解放軍總部統一規定下發的。	1958年，夏季召開的第九次中國公安會議，根據毛澤東爲解放軍制定三大紀律八項注意的基本思想，結合公安部隊的特性而制定的。	1983年，鄧小平下令進行第一次「嚴打」鬥爭時，由中共中央政法委員會制定頒發的。

內容	三大紀律是： 1.一切行動聽指揮。 2.不拿群眾一針一線。 3.一切繳獲要歸公。 八項注意是： 1.說話和氣。 2.買賣公平。 3.借東西要還。 4.損壞東西要賠償。 5.不打人罵人。 6.不損壞莊稼。 7.不調戲婦女。 8.不虐待俘虜。	八大紀律是： 1.服從命令聽從指揮。 2.遵守政策遵守紀律。 3.不准洩露國家機密。 4.不准侵犯群眾利益。 5.不准貪汙受賄。 6.不准刑訊逼供。 7.不准包庇壞人。 8.不准陷害好人。 十項注意是： 1.立場堅定敵我分明。 2.堅決勇敢沉著機警。 3.多辦好事服務人民。 4.說話和氣買賣公平。 5.敬老愛幼尊重婦女。 6.注意禮貌講究風紀。 7.尊重群眾風俗習慣。 8.糾正違章不准刁難。 9.執行政策做好宣傳。 10.勞動學習之全面鍛鍊。	1.服從命令，聽從指揮，堅決依法從重、從快打擊嚴重刑事犯罪分子，絕不畏難手軟、猶豫動搖。 2.調查研究，實事求是，重證據不輕信口供，絕不主觀臆斷、道聽途說、偏聽偏信。 3.尊紀守法，文明辦案，絕不打人、罵人，濫用警械、刑訊逼供、執法犯法。 4.剛直不阿，敢於碰硬，絕不偏袒幹部子女、包庇親友、說情走後門。 5.廉潔奉公，辦事公道，絕不貪贓枉法、以權謀私、公報私仇。 6.熱愛人民，服務人民，絕不搞特權、耍威風、欺壓群眾。 7.機智勇敢，團結戰鬥，絕不怕苦怕累、貪生怕死。 8.堅守崗位，盡職盡責，絕不放鬆警惕、洩露機密、玩忽職守。

縱使有以上這許多條令條例嚴格約束武警部隊的行動舉止，然而有許多武警士兵及幹部仍是我行我素，任意破壞法規紀律，尤以偏遠地區及文化程度較低的部隊爲最。因此，武警部隊近十年來大力提倡「正規化」，就是要部隊一切依照條例與規定來做事，務求全軍一切統一，莫再有一地一個樣的情形發生。

（三）人民警察警種之分別

中國的《人民警察法》第二條規定：「人民警察包括公安機關、國家安全機關、監獄、勞動教養管理機關的人民警察，和人民法院、人民檢查院的司法警察。」第18條則規定：「國家安全機關、監獄、勞動教養管理機關的人民警察和人民法院、人民檢查院的司法警察，分別依照有關法律、行政法規的規定履行職責。」

武警部隊自初組建起，總部接受公安部的領導與指揮，總隊與以下的武警部隊在執行公安任務則接受同級公安機關的領導，因此武警是公安機關的組成部分，在八〇年代仍列入公安機關序列，在九〇年代才逐漸由中央軍委收回指揮權，但仍隸屬於「人民警察」的一個警種。中國的「人民警察」可分爲：（1）公安幹警；（2）國家安全警察；（3）監獄警察；（4）勞動教養管教警察；（5）司法警察；（6）武裝警察等六個警種。

1.公安幹警

「公安幹警」是人民警察機關中任務最多、設置時間最長、分佈最廣泛的基礎警力，依照公安機關的業務分工，可將公安幹警分爲治安、刑事、戶籍、外事、邊防、消防、交通、鐵路、民航、林業等警察，分別主管不同的業務。其中，邊防、消防、林業部門已與武警相應部門合併，至於治安警察即平日常見之「公安」，在中國的分佈情形如下：

（1）**公安廳、局**：設置於省、自治區、直轄市，中共共計有31個此一級公安機關。

（2）**公安局、處**：計有省轄市公安局、地區行政公署公安處、自治州、盟公安局和直轄市所屬區公安局等，中共共計有356個此一級機關。

（3）**公安局與公安分局**：計有縣、不設區的市、自治縣、旗公安局和城市公安分局，中共共計有2,972個此級機關。

（4）**公安派出所**：市、縣公安局在轄區內、大中城市各街道辦事處管轄區內和鄉、鎮可以設立公安派出所，做爲自身的派出機關。派出所爲公安機關的基層組織，在縣、市公安局領導下，負責管理所在地區的治安工作。中共設有城市派出所7,054個；縣、鎮派出所6,791個；農村派出所27,644個；水上派出所452個；共計城鄉派出所41,941個。

（5）**專業公安機構**：公安部和地方公安機關根據工作需

要，經國務院與同級人民政府批准，可以在一些部門或單位設立公安派出機構。這些機構在業務上受公安機關領導，行政上則受本專業部門領導，同時亦受同級人民政府領導。惟林業公安已撤銷而改編爲武警森林部隊，但受國家林業局指揮值勤；邊防、消防公安則於1987年與武警相應部隊合併，仍稱爲「公安邊防部隊」、「公安消防部隊」，軍事上受武警總部指揮，排入武警部隊序列，但平時邊防檢查、消防救災等業務仍由公安部相關部門指揮，實際上隸屬於公安部。

按照中國《中華人民共和國政府組織法》規定，上述地方各級公安機關分別負責所在地同級人民政府管理區內的公安管理工作。在省、地、市、縣公安機關內部，分別設置偵察、保衛、預審、治安、法制與行政、財務、政工等綜合管理機構，以適應實際的需要。地方各級公安機關受本級人民政府和上一級公安機關的雙重領導，以本級人民政府領導爲主，然而實際控制上仍舊以各級黨委爲主。

2.國家安全警察

「國家安全警察」主要主管中共內部間諜、特務案件的偵察工作。1983年，第六屆中國人大第一次會議決定在國務院下設「國家安全部」；同年9月2日，中國人大常委會通過《關於國家安全機關行使公安機關的偵察、拘留、預審和執行逮捕的職權的決定》，法案中指出，國家安全機關承擔原由公安機關主管的間諜、特務案件的偵辦工作。國家安全部是國務院主管國家安全的部門，爲國家安全警察最高領導指揮機關；省、自治區、直轄市則設立國家安全廳、局、處等，業務上受國家安全部領導，並根據需要下設其他國家安全機構。

3.監獄警察

「監獄警察」由司法部設立的「監獄工作管理局」負責指導中共獄政建設管理工作和對罪犯的改造工作；各省、自治區、直轄市根據需要設置監獄。監獄是國家的刑罰執行機關，根據實際需要設置監獄警察機構，由監獄警察來依法管理監獄、執行刑罰，對罪犯進行教育改造。監獄警察執行一般監獄行政管理時，有武警部隊在監獄外圍實施看押警衛任務，但不干涉監獄警察之行政管理工作。

4.勞動教養管教警察

在由司法部設立的「勞動教養管理局」指導下，「勞動教養管教警察」負責中國勞動教養場所建設、管理工作，和對被勞動教養人員的教育改造工作。各省、自治區、直轄市司法廳、局設勞動教養工作管理局（處），負責領導、管理轄區內勞教所的建設和對被勞教人員的教育改造工作。勞教警察負責實際對犯人之行政管理工作，負責勞改場所看押任務的武警部隊則在外圍實施警衛看押任務，不干涉勞教警察之行政管理工作。

5.司法警察

《人民法院組織法》第41條中規定：「各級人民法院設司法警察若干人」；《人民檢查院組織法》第27條規定：「各級人民檢查院可以設司法警察。」司法警察機構因而成爲法院和檢察院內設機構之一。司法警察擔任法庭警衛、維護法庭秩序、押解犯人出庭受審、送達法律文書、執行法院判決等特定任務。

6.武裝警察

「武裝警察」即武警部隊，於1983年由中共解放軍內衛執勤部隊與公安部門的武裝、消防、邊防等兵役制警察合併組建而成。1984年，將原基建工程兵的水電、交通、黃金部隊與武裝森林警察部隊列入武警部隊序列。武警部隊原屬於國務院公安部編制序列，法律上規定由國務院與中央軍委雙重領導，但自1990年代起已將領導重心轉由中央軍委統一領導，公安部對武警部隊的指揮權力已遭大幅度地剝奪。唯在公安治安業務上，武警總部仍接受公安部的領導與指揮，總隊及以下之武警部隊亦接受同級公安部門的領導，爲公安機關的組成部分，因此武警名義上仍屬於人民警察的一個警種。

二、武警指揮中樞

「武警總部」爲中國武警部隊最高領導機關，爲大軍區級，歸公安部領導，並由中國共產黨中央軍委進行指揮調度。

表二　武警總部各單位組織與其功能

項次	單　位	職　　掌
1	辦公室	負責策訂武警部隊軍事行政工作規劃，處理總部、司令部綜合性文件。
2	警備處	掌握武警兵力部署和執勤工作，並研究分析敵情。
3	警務裝備處	負責武警院校及中隊以上單位的編制定額申請使用和分配；負責裝備的申請、價撥、並蒐整有關警務工作方面的情資；負責士兵選取、警銜評定、部隊管理、事故預防、統計及證件、服誌製發。
4	訓練處	策訂並指導部隊各項訓練業務。
5	院校處	負責院校教育規劃、師資培訓，並協助政治部門招生及院校招生命題。
6	通信機要處	(1) 通信工作：掌管通信網規劃，通信器材供應、保修、保密等工作。 (2) 機要工作：負責密碼、機要裝備計畫、供應與管理。
7	直政處	負責司令部機關和直屬部隊的政治教育、內部保衛、團級以下幹部管理、共青團、文化、撫卹及家屬福利等工作。
8	管理處	掌管總部機關財務經費、負責辦公用具、軍需物資的供應和生活、伙食管理與保障工作。

※本表由筆者整理。

總部設司令員、第一政治委員、政治委員各一人，副職二至三人。軍職上，武警司令員兼副政委，公安部長則兼任武警的第一政委，兩者皆受政委之節制；在黨職上，政委爲黨委書記，武警司令員則爲副書記，矮了政委一截，故依照中共黨職優先原則，武警司令員是歸政委節制的。武警總部設有司令部、政治部、後勤部，主要負責對內衛部隊的領導、指揮和管理工作，並對公安邊防武警部隊、公安消防武警部隊、公安警衛系統、武警交通部隊、武警水電部隊、武警黃金部隊、武警森林部隊等各專業部隊在軍事、政治、後勤工作方面進行指導。

武警總部、總隊、支隊的第一政治委員分別由公安部長、公安廳（局）長、公安處（局）長兼任，確保了武警部隊與各地公安機關的緊密聯繫，在各總隊中設有司令部、政治部（處）、後勤部（處），支隊以下設大隊、中隊、分隊等建制單位。

在軍事指揮體系上，武警總部設有司令員一名，副司令員數名，參謀長一員，副參謀長數名；總隊設有正、副總隊長與正、副參謀長；支隊設有正、副支隊長與參謀長一員；中隊設有正、副中隊長。理論上是層層節制，然而任何層級的軍事行動，若無黨委副署命令，軍事主管是沒有權力調動所屬部隊與下級單位的。

各總隊司令部模仿總部之機關建制，轄有辦公室、警務（內衛）處、警務裝備處、訓練處、通信處、機要處、直政處、管理處等機關，負責省境內武警部隊各相關業務，各支隊司令部轄內衛股、警務裝備股、訓練股、通信股、機要股、管理股等機構，負責以省轄市、盟、自治州爲中心的一定規模轄區內之武警部隊相關業務。

（一）武警部隊指揮體系

武警部隊依警種不同而有不同的業務指揮系統，然而在軍事事務上皆接受武警總部與中央軍委之指揮領導。

體制上，中國武警的內衛部隊受各級公安機關的領導（請見所附表一，第33頁），亦受上級武警部隊的領導指揮，與中央軍委及各級黨委的指揮調度，實行「統一規劃、分級管理、分級指揮」的原則；消防武警部隊業務上受公安部及各級公安機關指揮領導，直接隸屬於公安部；邊防武警部隊業務上受公安部邊防局與國家邊防委員會指揮和指導，亦爲直接隸屬於公安部的武警部隊；森林武警部隊接受國務院直屬機構「國家林業局」進行業務領導；黃金武警部隊接受由原「地質礦產部」於1998年擴編成之國務院「國土資源部」業務指揮；交通武警部隊接受國務院「交通部」之業務指揮領導；水電武警部隊接受國務院「水利部」業務指揮；特種武警與機動武警則由中共中央軍委直接指揮。

部隊在編制序列、服裝式樣、供應標準、紀律要求、教材訓練與政治思想工作方面，由「武警總部」統一規劃和管理；而部隊的執勤、訓練、兵力部署，以及各項業務工作，則由武警總部與各級公安機關分別就所管轄範圍進行領導與指揮。武警部隊作爲中共國家三大武裝力量之一，在部隊建設的大政方針上接受中央軍委的領導，爲有利於部隊建設，同時還接受共軍總參謀部、總政治部、總後勤部的領導。

此外，武警以其內衛性質，在中國刑法體系上屬「公檢法」（公安部、檢察院及法院）體系一環，因此亦歸中國共產黨「中央政法委員會」書記的政策領導，與中央軍委仍然形成另一套的雙重領導。中國共產黨政法委員會等於是以國家法律、刑罰等公器爲執行黨意的工具，是中國公檢法體系中控制一切的太上皇。西方民主國家主張的三權分立、司法獨立概念，在中國共產黨的觀念中是不存在的，不但行政、立法權皆掌握在中國共產黨的控制之下，「司法獨立」的觀念也被中國共產黨所扭曲。在中國憲法第一百二十六條中規定：「人民法院依照法律規定獨立行使審判權，不受行政機關、社會團體和個人的干涉。」然而規定中並沒有說審判不受「黨」的干涉，中國共產黨曾明確指出，「獨立審判原則正是爲了服從並遵守在黨的領導下所制訂的法律，也正式體現了黨對司法工作的領導。」人民法院的審判實行「民主集中制」，除了少數服從多數外，依照憲法第一百二十七條規定：「最高人民法院監督地方各級人民法院的審判工作，上級人民法院監督下級人民法院的審判工作」，還必須下級服從上級，個人服從組織。因此，院長與庭長必須批案後，判決才能生效，如此一來，則西方定義之司法獨立性蕩然無存矣。

另外，中國共產黨在「黨指揮槍」原則下對武警部隊實行的絕對領導與指揮，其權威性甚至高於軍事指揮體系所下之命令。此部分在之後的黨委組織部分再做詳述。

在中共歷次裁軍計畫中，武警部隊不但沒有遭到裁撤，反而得到大幅的擴充，尤以1996年十四個武警機動師的組成最為重要。這支部隊並不肩負一般常態性的執勤任務，而是全力投入軍事性的訓練之中，以運用在當配屬的軍區範圍的省境內發生任何重大事件或意外事件時，可以在中央軍委的指揮下以尖刀部隊的角色立即投入戰鬥，或是配合解放軍進行演習或戰鬥支援任務。因此，對於中共中央來講，如何緊抓這些部隊的控制指揮權可說是極重要的事。1998年至2001年三年間，武警部隊進行增強部隊通信能力與提升指揮自動化能量的計畫，建設「武警部隊綜合通信網」，使得武警總部與各總隊之間可以進行多媒體視訊會議，機動師對團之間亦有專用通信網，由此可以評估中央軍委對機動部隊實施即時指揮管制的企圖。

（二）武警總部直屬單位

武警總部除了前文所述之辦公室、警務（內衛）處、警務裝備處、訓練處、通信處、機要處、直政處、管理處等機關部門之外，還有許多總部直屬部隊，轄有偵察、通信、砲兵、裝甲、工兵、防化、船艇及後勤等專業部隊。以下針對總部各直屬單位作一簡要之介紹：

1.警備指揮部

武警部隊於1996年起，在大陸各大、中城市設有警備辦公室或警備指揮部，具體負責所在地區武警部隊警備勤務工作，警備執勤人員統一穿著警官制服，執勤人員亦配戴統一專用的「糾察」標誌。

2.黃金指揮部

武警黃金部隊的司令部，設於北京，轄有三個武警黃金總隊、一個直屬運輸大隊，與地質研究所、黃金技術學校等單位，負責武警黃金部隊的領導指揮。

3.水電指揮部

武警水電部隊的司令部，設於北京，轄有三個武警水電總隊與三峽工程指揮部、廣西柳州水電技術學校等單位。武警水電總隊爲正師級，下設副師級之司令部、政治部、後勤部、工程部，下轄正團級支隊。水電部隊之軍事性費用由武警部隊經費支出，其餘專業營建工程經費則自負盈虧。

4.交通指揮部

武警交通部隊的司令部，設於北京，轄有二個武警交通總隊、一個獨立支隊與一個教導大隊。交通部隊之軍事性費用由武警部隊經費支出，其餘工程經費則自負盈虧。

5.森林指揮部

武警森林部隊的司令部，設於北京，轄有七個武警森林總隊，原爲國家林業局之「森林警察辦公室」(簡稱森警辦)，1999年8月4日組建成軍級之森林指揮部，撤銷原森警辦。

6.兵團指揮部（新疆生產建設兵團武警指揮部）

「兵團指揮部」爲新疆生產建設兵團所屬武警部隊之司令

部，設於新疆烏魯木齊。

新疆生產建設兵團自創建起即擁有自成體系之各級公安保衛機構，文革期間兵團解體，公安機構也被群眾砸爛，直到1984年8月始重新恢復。本指揮部即於1984年8月由新疆生產建設兵團抽調兵力組建而成，與武警新疆總隊不相統屬，轄有八個支隊兵力的兵團武警部隊分佈於天山南北，擔任新疆生產建設兵團位於天山南北麓與塔克拉瑪干沙漠二百二十多個勞改點的勞改看押任務。

7.直屬機動支隊

武警總部直屬機動支隊駐紮在北京海碇區清河鎮，肩負首都鄰近地區的跨省區「處突」任務，下轄三個大隊六中隊，並有偵察、特勤、火砲等特種專業分隊。

8.女子特警隊

武警總部女子特警隊前身爲四川女子特警隊，是武警第一支女子特警隊，組建於1985年3月，主要任務爲協助公安機關打擊刑事犯罪、押解女犯等。後於1999年移編至武警總部，常駐北京執勤，主要負責天安門廣場巡邏任務以及公開表演，在各媒體中常見到這支娘子軍的身影。

9.武警軍事法院與軍事檢察院

武警軍事法院與軍事檢察院爲專門處理武警部隊內部人員違法犯紀事件的法院，於北京、成都、拉薩、新疆等地共設有十四個軍事法院與檢察院。

10.後勤倉庫

後勤倉庫爲武警總部後勤部所屬單位，在瀋陽、南京、西安、武漢、成都等區，設有被服、裝具供應倉庫，並有武警裝備器材研究所、車船器材供應站等，負責武警部隊後勤被服、裝備、陣營具之供應。

11.科技開發部

1993年4月成立於北京的科技開發部，專責警用裝備之研究開發，負責人爲武警第一位女將軍楊俊生少將（楊成虎之女），迄今已開發出多項先進的警用配備，本單位在文後另有介紹。

12.體工隊與摩托車隊

武警總部直屬的體工隊集合了全軍戰技實力技能最佳的官兵，給予加強訓練，並指派其參加各種國內外散打、武術等比賽，爲武警部隊爭奪榮譽。摩托車隊組建於1995年2月，多次在摩托車越野賽中爲武警部隊贏得榮譽。

13.療養院

武警部隊在杭州、煙臺、北戴河等風景明媚之處設有療養院，供高級幹部使用。

14.文化工作總站

文化工作總站負責全國性軍中藝文與宣傳工作之推行，以保障基層文化運動的推展。轄有中國十一個分站。

三、各級黨委組織

與世界其他國家不同的是，中國國務院的國防部並沒有任何權力，國防部甚至沒有辦事機關，國防部長也僅是一個虛銜，並沒有任何實質權力，中國的軍事力量都掌握在中共中央軍委手上，雖然中國亦設有國家軍委，然而國家軍委同樣僅是一個虛幻的存在，其辦事機關就是中國共產黨中央軍委，中國共產黨中央軍委的人員也同時具有國家軍委的身分，等於是一個機關掛有兩個招牌，以黨的機關掌管中國的軍隊之意，因此「軍隊國家化」的概念在中國是不存在也不被承認的。

在一黨獨大體制下，中國共產黨在軍中的政治機關爲部隊進行思想工作與組織工作的核心，通常設有組織、幹部、宣傳、保衛、文化、群工、聯絡等業務部門與相應的工作人員。

自建軍以來，中國共產黨在不同時期根據不同情勢，深入推展軍隊政治工作，主要的依據是，1944年《關於軍隊政治工作問題的報告》、《中國人民解放軍政治工作條例》；與1987年《中央軍委關於新時期軍隊政治工作的決定》、《新時期連隊黨支部建設綱要》、《新時期基層團支部建設要點》、《連隊軍人委員會工作暫行規定》；1989年六四事件之後，於是年12月下發之《關於新形勢下加強和改進軍隊政治工作的若干問題》；1990年《軍隊基層建設綱要》與《加強和改進士兵思想政治教育方案》等不同的條例與規定。武警部隊按規定執行解放軍的條令與條例，自必須依照以上條例與規定，持續強化武警部隊的政治思想工作。

中共自1928年7月第六次全國代表大會後，決定把實行「政治委員」（政委）和「政治部」制度作爲建軍的一項原則，並在1930年以後由黨中央規定在團與相當於團以上的部隊單位中設立政治機關。1931年2月中共全軍總政治部成立，政治機關制度從此得到確立。

中共武警部隊是中國共產黨創設和領導的一支武裝力量，「黨指揮槍」是武警部隊建設的根本原則，因此在部隊中做好黨的政治工作是從政治上、思想上、組織上確保「黨」對部隊的絕對領導，維護部隊的高度集中統一的方法，以做到「黨指到哪裡，就打到哪裡」，並增強部隊內部與外部團結，鞏固部隊戰鬥力，完成「黨」和「人民」託付給武警部隊的各項任務。

中共武警部隊實行的是「黨委統一的集體領導下的首長分工負責制」，武警總部設立「黨委」，設政委一名，領導武警部隊所有的黨組織與政治官員；第一政委由國務院公安部長兼任，擔任武警與公安部門之間的溝通橋樑；武警司令員雖爲武警部隊軍事上最高指揮官，然其同時兼任黨委副政委，因此政委爲武警實際最高指揮官之地位不言可喻，而總部黨委有時亦會依需要設立政治協理員和其他政治工作機關。而在武警大隊（營級）與相當於大隊的單位則建立黨的「基層委員會」，設有

「政治教導員」（教導員）；中隊則建立黨支部，設有「政治指導員」（指導員），同時兼管支隊政治處。總部以下的各級單位受同級公安部門黨組（黨委）和地方黨委的領導，同時亦接受上級武警部隊黨委的領導。

中國共產黨中央軍委直接領導武警總部黨委、紀委，而各級省、縣、市黨委與各級公安部門黨組（黨委）也都能藉由建立在武警部隊中的各級部隊黨委組織來直接領導各級武警部隊，而非透過軍事指揮體系來達成。武警部隊中黨的各級委員會是各部隊統一領導的核心，部隊中的一切重大問題都要經由「黨委」的決定，保證部隊完全置於黨的絕對領導與指揮之下。

（一）武警黨委組織的編制、功能與角色

以下就武警部隊中黨委組織的編制、功能與角色做一介紹：

1.政委、教導員、指導員

武警部隊在支隊（團級）及支隊以上的單位設有「政治委員」（政委）、「副政委」和政治機關；在大隊（營級）及相當於大隊的單位設「政治教導員」、「副政治教導員」；在中隊（連級）及相當於中隊的單位設「政治指導員」（指導員）與「副政治指導員」。

各級政治部（處）爲同級黨委的工作機關，如武警總部「總政治部」即爲總部黨委，領導首長爲武警政委，黨委的第

一書記、第一政委乃由公安部長兼任，黨委的副書記、副政委則由武警司令員兼任，皆接受武警政委的領導。各級政治委員與軍事主官同為部隊與單位首長，對部隊的各項工作共同負責。幹部領導關係則是下級隸屬於直屬上級首長，在政治工作上服從上級政委、政治機關，在軍事行政工作上服從上級軍事指揮員、政委和軍事機關，其中又以政治部門的指揮為首。武警各機關部門對部隊下發的各種指示與命令，要經過黨委統一協調後方可下發，軍事主官的命令也要由政委、指導員等政治主官副署，方得生效。

中隊（連級）為中共武警部隊的基層單位，設有「政治指導員」（指導員）、「副指導員」，「中隊長」與「指導員」同為連隊的首長，共同負責全中隊的工作，並定期向中隊黨支部報告工作，具體實踐了毛澤東「支部建在連上」的重要觀念。中隊「共青團支部」和「革命軍人委員會」，也在中隊黨支部領導下和中隊長、指導員的指導下開展工作。由此可見黨支部對中隊各項政治工作與任務實行上的統一領導作用。

另外，在武警部隊內部也實行所謂的生活民主制度，如中隊軍人大會、中隊隊務會、排務會、班務會制度，也皆是在各級黨組織指導之下進行。

各級政委必須具有高度的共產主義覺悟、堅強的無產階級黨性、較高的馬克思列寧主義、毛澤東思想的理論水平和政策水平，豐富的政治工作經驗和較強的組織領導能力，作戰勇敢、工作深入、密切聯繫群眾、善於團結同志，勇於批評和自我批評，並為具有五年以上黨齡的共產黨員。

武警部隊中政委、教導員、指導員的主要職責有以下九項：

（1）領導所屬部隊貫徹執行黨的路線、方針、政策、國家的憲法、法律、法令等。

（2）和同級軍事主官共同領導所屬部隊貫徹執行軍隊的條令、條例、規章制度，和上級的決議、命令、指示等；協同同級軍事主官組織指揮作戰；做好執行各項任務中的政治工作，保證部隊完成上級賦予之各項任務，並和同級軍事主官共同簽署向下頒發之命令。

（3）領導所屬部隊學習馬克思列寧主義、毛澤東思想，進行政治思想教育，建設社會主義精神文明，抵制資產階級錯誤思潮和各種腐朽思想的侵蝕，使部隊與單位保持堅定正確的政治方向與旺盛的戰鬥意志。

（4）領導所屬黨組織和共青團的建設，支援和主導紀律檢察工作。

（5）貫徹「黨管幹部」的原則，在黨委領導下，領導政治機關做好幹部工作，和同級軍事主官共同簽署幹部任免方面的命令。

（6）教育官兵堅決執行軍隊的條令、條例和規章制度，自覺維護軍隊的紀律，保證所在單位的高度穩定和集中統一。

（7）掌握與貫徹黨和國家的政法工作及軍隊保衛工作的方針、政策，領導部屬做好安全工作。

(8) 領導所屬部隊開展三大民主和「尊幹（幹部）愛兵」、「擁政愛民」活動，進行瓦解敵軍工作。

(9) 貫徹執行上級有關加強基層建設的規定，加強政治工作幹部隊伍的建設。副政委協助政委工作。

爲了確保「黨指揮槍」的傳統，中國共產黨不斷灌輸廣大的武警官兵「武警部隊是爲服從黨的命令而生，是無產階級的先鋒隊，離開了黨的領導就會迷失方向」等等的觀念，諸如「槍聽我的話，我聽黨的話，手握鋼槍心向黨，黨叫幹啥就幹啥」的口號滿天價響，並用各級政委與指導員嚴格地控制部隊官兵的政治思想，過濾一切政治不合格的人員。雖然中國在各種宣傳中倡言已在軍中實行「政治、經濟、軍事」三大民主，然而一切仍要聽從黨的意志，其中其實深深隱含著對擁槍部隊的不信任與恐懼，但是他們卻又是維持專制政權不可缺少的工具。

2.紀律檢查委員會（紀委）

紀檢委員會爲中國共產黨維護各級黨委黨紀的專門機構，設在各級黨委組織中，委員會的產生由同級黨委提名，上級黨委批准，紀檢組組長與紀檢組組員可以列席該管之各級黨委之會議，在發現有違反黨紀的行爲發生時，有權改變下級黨委所做的決定並對違法犯紀之個人進行檢討與批評處理。

今日中國共產黨中央紀律委員會書記爲政治局常委尉健行、副書記爲最高人民檢查院檢察長韓杼濱、中央軍委紀委書記何勇、周子玉等人。而在解放軍及武警各級黨委組織中也都設有黨的紀檢委員會。

（二）中共黨中央之武警領導機構

此外，對於領導武警黨組織的中國共產黨中央機構，在此亦稍做介紹：

1.中國共產黨中央政法委員會

由於中共專制控制的政權需要，政法機關也是中國共產黨必須緊抓在手上的另一把槍。武警部隊爲中國共產黨進行專政的工具，屬於「公檢法」（即公安部門、檢察部門與法院之合稱）治安體系下的一環，而公檢法體系乃受中國共產黨「中央政法委員會」領導。黨中央政法委員會是不受國務院指令與制約的協調領導機構，負責公安、檢察、法院等機關之領導工作。

中共於1958年文革期間成立「中央政法小組」，1980年改爲「中國共產黨中央政法委員會」，1988年至1990年改組爲「中央政法領導小組」，在1990年7月重新提升爲「中央政法委員會」，並於1993年後改爲黨中央的工作部門。今日的中央政法委員會書記爲中央政治局委員羅幹。

2.中國共產黨中央社會治安綜合治理委員會

中國共產黨中央社會治安綜合治理委員會成立於1991年3月，是另一整合「公檢法」體系的控制機制。2000年9月中共十五大第四次全會中確定中央社會治安綜合治理委員會領導結構，主任爲政法委員會書記羅幹、副主任爲最高人民法院院長蕭揚、最高人民檢查院檢察長韓杼濱等，武警司令員吳雙戰也已列入爲委員之一，擺明又是一個將「公檢法」體系一把抓的黨中央組織。

3.反恐怖主義領導小組

在2001年美國911恐怖攻擊事件後，爲因應全球反恐怖的形勢，中國共產黨中央成立「反恐怖主義領導小組」，負責打擊恐怖主義、分裂主義和極端主義的決策。這是一個臨時成立的黨中央組織，是否會成爲常設機構還有待觀察。

「反恐怖主義領導小組」已擬好包括新疆極端分離主義分子在內的可疑人物名單，下發大陸所有國際口岸，嚴密監控；黨中央政法委員會還通知各地，嚴打活動要與反恐怖鬥爭結合。

四、內衛武警部隊

（一）內衛武警部隊之現況

內衛武警部隊爲中國武警之主幹，部隊數量龐大，分佈面廣而線長，職掌亦十分多元。內衛武警現有總隊爲：「北京總隊、天津總隊、河北總隊、山西總隊、內蒙古總隊、遼寧總隊、吉林總隊、黑龍江總隊、上海總隊、江蘇總隊、浙江總隊、安徽總隊、江西總隊、福建總隊、山東總隊、廣東總隊、廣西總隊、海南總隊、湖南總隊、湖北總隊、河南總隊、四川總隊、雲南總隊、貴州總隊、西藏總隊、陝西總隊、甘肅總隊、青海總隊、新疆總隊、寧夏總隊、重慶總隊」等31個總隊。

除了派駐各地之一般內衛武警部隊，爲因應特殊任務需要，武警編制除原有之輕裝步兵之外，從1996年起，中央軍委開始增加內衛武警各總隊配屬之砲兵、裝甲兵、工程兵、防化兵等直屬支隊，並下令由各級武警大單位組建一支配備武裝直昇機、裝甲運兵車、鎮暴車輛等武器精良、配備先進、通信良好、機動力強之「機動支隊」，專門用於「處突」與「特殊戰鬥」使用。

（二）各省、自治區、直轄市之內衛武警總隊

以下將內衛武警部隊依各省、自治區、直轄市總隊介紹如下：

1.北京總隊

北京總隊成立於1999年2月3日，係合併自原有之武警北京一總隊與北京二總隊，爲中共編制最大的武警總隊。

北京總隊負責北京直轄市首都衛戍任務，亦負責國家儀式與榮典的舉行。因此，除了各種警衛、守衛部隊之外，有國旗護衛隊、禮炮中隊、軍樂團、釣魚台賓館警衛中隊、國賓護衛隊、儀仗隊、特勤支隊等特種勤務部隊。

北京總隊轄有兩所軍醫院、北京指揮學院，以及十九個支

隊，兵力龐大。北京總隊的任務有：釣魚台國賓館、政協、中央電視台等地的巡邏警衛任務；人大、政協開會期間的警衛任務；重要地點如首都機場、航空航天部之警衛任務；天安門廣場警衛、守衛、看守和巡邏勤務；各國駐北京使領館的警衛任務；監獄看押任務；第十支隊負責北京市郊電台、電廠、密雲水庫、看守所、科研單位的警衛任務等。

2.天津總隊

武警天津總隊轄有總隊醫院一所，天津指揮學校，一支運輸中隊，一個訓練基地，與六個支隊，負責天津重要機關警衛任務、城市武裝巡邏、天津市監獄勞改場看押任務等。

3.上海總隊

上海總隊下轄一所總隊醫院、2000年由指揮學校升格成指揮學院的上海指揮學院、一個直屬大隊、一個船艇大隊與十個支隊的兵力。

4.重慶總隊

重慶於1997年3月14日正式升格爲中國第四個直轄市，與北京、天津、上海並列爲中央直轄市，也是人口最多、面積最大、行政轄區最廣的直轄市。1998年1月16日，武警重慶總隊正式掛牌成立，肩負起維護和保障有三千萬人口的重慶市社會穩定與經濟發展的重大責任，重慶總隊司令部位於重慶市，下轄總隊醫院與八個支隊。

5.河北總隊

河北總隊司令部位在河北省會石家莊市，轄有唐山總隊醫院、石家莊指揮學校與各地支隊。

6.山西總隊

武警山西總隊司令部位在省會太原市，轄有總隊醫院與太原指揮學校，兵力則有：第一支隊、第二支隊、第三支隊、「機動支隊」、太原市支隊等五個駐太原市的支隊；第四支隊負責全省境內所有鐵路橋樑隧道的守護任務，另有長治市等12個地方支隊。

7.內蒙古總隊

內蒙古總隊司令部設在自治區首府呼和浩特，於1983年組建。下轄總隊醫院一所與呼和浩特指揮學校，總部直屬支隊有五個，多數負責勞改看押任務；另有赤峰市等12個地方支隊。

8.遼寧總隊

武警遼寧總隊司令部位於瀋陽市皇姑區，轄有大連總隊醫院、瀋陽指揮學院、氣功隊與瀋陽倉庫，總隊直屬兵力有五個支隊，負責勞改看押與鐵路橋樑隧道守衛任務；另有朝陽市等17個地方支隊。

9.吉林總隊

武警吉林總隊司令部位在長春市朝陽區，轄有總隊醫院、長春指揮學校與十六個支隊。

10.黑龍江總隊

武警黑龍江總隊司令部位在哈爾濱，1983年組建，轄有總隊醫院、哈爾濱指揮學校，兵力有總隊直屬五個支隊，負責松花江大橋守衛任務、監獄看押勤務等任務；另有哈爾濱市等15個地方支隊。

11.江蘇總隊

武警江蘇總隊司令部設在南京市，轄有南京總隊醫院、南京指揮學校、直屬支隊、南京中山陵警衛大隊與南京倉庫等。兵力計有總隊直屬四個支隊；另有南京市等13個地方支隊。

12.浙江總隊

武警浙江總隊司令部位在杭州，轄有嘉興總隊醫院、杭州指揮學校、直屬大隊、農副業生產基地，以及1998年組建的武警部隊第一支配備有100多艘衝鋒舟和橡皮艇的「水上救災搶險分隊」。兵力計有總隊直屬四個支隊，分別負責錢塘江大橋守衛任務與勞改看押任務等；另有地方支隊11個。

13.安徽總隊

武警安徽總隊司令部位於合肥，轄有合肥總隊醫院、合肥指揮學校、省武警部隊警容風紀交通安全糾察隊、後勤部等，兵力有總隊直屬六個支隊，負責監獄看押任務、京浦線及淮滬線鐵路沿線守衛任務與合肥省政府與省委警衛值勤任務；另有防爆警察支隊，駐紮合肥，由300多名防暴警察與200多名武警於1993年6月組建而成；其他有蕪湖市等16個地方支隊。

14.福建總隊

武警福建總隊司令部位於福州，1999年升級爲副軍級單位，轄有福州總隊醫院與福州指揮學校，兵力有總隊直屬二個支隊，負責省府與首長安全警衛及機動處突工作；另有福州市等10個地區支隊。

15.江西總隊

武警江西總隊司令部位在南昌市，轄有總隊醫院、南昌指揮學校、船艇大隊等，總隊直屬兵力有三個支隊，其中的第三支隊及12個地方支隊。

16.山東總隊

武警山東總隊司令部位在濟南，轄有濟南總隊醫院、濟南指揮學校，兵力有總隊直屬二個支隊；另外有濟南市等19個地方支隊。

17.河南總隊

武警河南總隊司令部位在省會鄭州市，轄有總隊醫院、鄭州指揮學校，兵力有四個總隊直屬支隊，擔負省會重要目標的守衛守護與省內機動處突任務；另外有鄭州市等17個地方支隊。

18.湖北總隊

武警湖北總隊司令部位在省會武漢市，轄有總隊醫院、武漢指揮學校與船艇學校，兵力有九個直屬支隊，肩負監獄看押、機動處突與三峽工程巡邏守衛任務；其他有武漢市等14個支隊。

19.湖南總隊

武警湖南總隊司令部位在省會長沙市，轄有總隊醫院、長沙指揮學校、直屬大隊，兵力有三個直屬支隊；另外有長沙市等15個支隊，及負責毛澤東故居警衛任務的韶山警衛中隊。

20.廣東總隊

武警廣東總隊司令部位在省會廣州市石牌崗頂，轄有廣州總隊醫院、廣州指揮學院，兵力有八個總隊直屬支隊，肩負廣東省府、省委及廣州市重要目標警衛、鐵路隧道守衛、機動反暴、防暴、反恐怖及處突任務等；另外有廣州市等20個地方支隊。

21.廣西總隊

武警廣西總隊司令部位在廣西壯族自治區首府南寧市，轄有總隊醫院、南寧指揮學校、新訓隊，兵力有：四個總隊直屬支隊；另外有南寧市等14個支隊。

22.海南總隊

海南於1988年4月13日建省，武警海南總隊亦於同年成立。海南總隊司令部位在省會海口市，轄有總隊醫院、海口指揮學校，及負責瓊州海峽兵員、物資運輸任務的海運大隊、教導大隊與總隊農場，兵力有四個總隊直屬支隊，還有海口市支隊、三亞市支隊等地方支隊，此總隊規模較小。

23.四川總隊

武警總隊司令部位在成都市，轄有重慶第一總隊醫院、第二總隊醫院、樂山醫院與成都指揮學院，兵力有七個總隊直屬支隊，肩負西南地區雲貴川藏四省處突任務、襄渝鐵路隧道守衛、監獄看押、省府、省委等重要機關警衛任務，第一支隊爲轄有火砲、特勤、汽車中隊的直屬機動支隊；另有成都特種作戰分隊、九都特警隊；以及成都市等21個地方支隊。

24.貴州總隊

貴州武警總隊司令部位在省會貴陽市，轄有貴陽指揮學校，兵力有五個總隊直屬支隊；另有貴陽市等11個地方支隊。

25.雲南總隊

雲南武警總隊於1983年成立，司令部位在省會昆明市，轄有總隊醫院、保山醫院、昆明指揮學校，兵力有三個總隊直屬支隊，肩負雲南省府、省委、機場、車站等重要目標警衛、守衛與守護任務；其他有昆明市等17個地方支隊。

26.西藏總隊

西藏武警總隊司令部位在自治區省府拉薩市，轄有拉薩總隊醫院、拉薩指揮學校、特種偵察團、後勤運輸大隊、成都新兵訓練中心、葉城新兵訓練基地、駐蓉（成都）辦事處、駐格爾木辦事處等，兵力有二個直屬支隊；另外有拉薩市支隊、昌都地區支隊、林芝支隊、山南地區支隊、日喀則市支隊、那曲地區支隊、阿裏地區支隊、格爾木大隊等地方支隊與大隊。

27.陝西總隊

陝西武警總隊司令部位在省會西安市，轄有西安指揮學院，兵力有六個直屬支隊，擔負西安與咸陽機場守衛、渭南地區治安與機動處突任務；另外有西安市等12個地方支隊。

28.甘肅總隊

甘肅武警總隊司令部位在省會蘭州市，轄有蘭州指揮學校，兵力有四個直屬支隊；另有白銀市等15個地方支隊。

29.青海總隊

青海武警總隊司令部位在西寧市，轄有西寧總隊醫院、西寧指揮學校、新兵教導團、西寧通信訓練基地等，兵力有七個直屬支隊，擔負青海看押執勤、龍羊峽水電站守護、柴達木監獄的看押與省境內機動處突任務；另外有西寧市等8個地方支隊。

30.寧夏總隊

寧夏武警總隊司令部位在寧夏回族自治區首府銀川市，轄有銀川指揮學校、直屬支隊、直屬大隊、教導大隊，兵力有：銀川市支隊、石嘴山市支隊、固原地區支隊、銀南地區支隊等。

31.新疆總隊

新疆武警總隊司令部位在維吾爾自治區首府烏魯木齊市，1982年組建，轄有烏魯木齊總隊醫院、烏魯木齊指揮學校、後勤運輸大隊，兵力有：八個總隊直屬支隊，分駐新疆各地；另有烏魯木齊市等14個地方支隊。

五、邊防武警部隊

中國的邊防部隊有兩個體系，一支為1969年由「邊防站」體系改為「戰鬥邊防」體制的「解放軍邊防部隊」，編有邊防團、邊防營、邊防連；另一支則是由「武警邊防部隊」負責的部分陸地邊界地段的戰鬥邊防任務、沿海地區的海上巡邏緝私任務，與各地邊境檢查站的邊防檢查任務。

中國邊防武警部隊扮演的基本角色與任務有：依照1965年4月30日國務院公佈施行之《邊防檢查條例》、1985年公佈之《中華人民共和國外國人入境出境管理法》、與1985年公佈之《中華人民共和國公民出入境管理法》，依法管理邊疆與口岸入出境人員與貨物檢查。平時建設邊防、邊境要塞守備、保衛國界、邊境敵情動態情報收集、堵截敵特滲透、防止邊境走私與偷渡、打擊黑社會組織、過濾外國恐怖犯罪組織成員入境、防止敵方心戰宣傳與宗教滲透、同破壞民族團結、煽動分裂的陰謀作鬥爭；與鄰國邊防機構進行會談，配合外事部門處理涉外事件；進行群眾工作，實行軍民聯防，支援邊境建設等。戰時則依托防禦工事與陣地，進行遲滯、消耗和試圖消滅入侵之敵軍，如敵方太過強大則固守等待野戰部隊支援。

1981年，中國共產黨中央成立「中央邊防工作領導小組」，並於同年12月下發《關於加強和改進陸地邊防領導工作的指示》，確立了邊防工作實行「統一領導，分段管理」的方針，「統一領導」即統一政策、統一邊防部署和情報工作、統一對外交涉、統一進出國境的管理；「分段管理」則是依據不同邊界地段的不同情況，由中國人民解放軍邊防部隊和武警邊防部隊分別守衛和管理。

在武警公安體系的邊防部隊方面，1987年中共將原爲兩個體系分開之公安部邊防總局、武警邊防總局合併爲中國「公安部邊防局」，主要隸屬於中國國務院公安部指揮，但屬於中國武警部隊序列，亦接受武警總部督導。1991年5月，中央軍委與國務院決定成立中國「國家邊防委員會」，統一領導中國的邊（海）防工作。解放軍各大軍區、各邊疆、沿海省（直轄市、自治區）、各邊境沿海地（州、盟、市）和縣（市、旗、區）也都成立了邊（海）防委員會和辦公室，進一步加強了各地邊防工作的統一領導。

今日的中國武警邊防部隊又可稱爲「公安邊防部隊」，由

「公安部邊防局」指揮領導，共有25個總隊，1個支隊。1997年起，國務院公安部在中國成立九個出入境邊防檢查總站，進行由兵役制改爲職業制邊防檢查工作的試點計畫，九個邊防檢查總站直屬公安部領導，計有：北京、天津、上海、廈門、廣州、深圳、珠海、汕頭、海口九個出入境邊防檢查總站。

當前中國邊防武警部隊的組織型態可分爲以下幾個層級：

（一）中共邊防武警部隊組織型態

1.邊防總隊

邊防總隊全稱「中國人民武裝警察部隊邊防總隊」，乃正師級建制，爲沿邊、沿海省、自治區、直轄市一級武警邊防部隊的管理指揮機關，又稱「省（自治區、直轄市）公安廳（局）邊防局」，受當地黨委、政府、公安機關的領導。主管轄區邊境治安管理、海防管理、國家和地方口岸入出境檢查與管理、情報調研、武裝警衛、邊防涉外事務和會談會晤；負責所屬武警邊防部隊的政治思想、後勤保障等部隊管理工作。總隊編配總隊長、政治委員和副總隊長、副政治委員。機關設司令部、政治部、後勤部。

2.邊防支隊

邊防支隊全稱爲「中國人民武裝警察部隊邊防支隊」，爲正團級建制。是沿邊、沿海地區（盟、州、市）一級武警邊防部隊的管理指揮機關，又稱「公安處（局）邊防保衛分局」，隸屬於邊防總隊，是當地公安機關的組成部分，在當地黨委、政府、公安機關的領導下，負責本地區公安邊防工作，以及所屬部隊的管理工作。支隊編配支隊長、政治委員和副支隊長、副政委，機關設司令部、政治處、後勤處等單位。

3.邊防大隊

邊防大隊全稱「中國人民武裝警察部隊邊防大隊」，營級建制，為沿邊、沿海邊境縣（旗、市）一級武警邊防部隊的管理指揮機關，又稱「公安局邊防保衛科」，隸屬於邊防支隊，是當地公安機關的組成部分，在當地黨委、政府、公安局領導下，組織實施本縣的公安邊防工作，負責邊防所、站、小分隊的部隊管理工作。大隊設大隊長、教導員和副大隊長、副教導員。

4.邊防工作站

邊防工作站中共公安邊防機關在沿邊沿海地區的地方口岸和重點地段設置的基層單位，其任務是「負責地方口岸邊防檢查、執勤、邊界武裝警衛、邊境管理，以及沿海船舶管理等。」

中國各武警邊防部隊之編制如表三所示。

（二）中共邊防武警部隊之發展

中共對外有著漫長的邊界線和海防線，陸地上與十二個國家毗鄰，沿海與南北韓、日本及台灣隔海相望，對外開放口岸

表三　武警邊防部隊之編制

分　類	單　位	備　考
邊防總隊	北京、天津、河北、山西、內蒙古、遼寧、吉林、黑龍江、上海、江蘇、浙江、安徽、福建、山東、河南、廣東、廣西、海南、四川、貴州、雲南、西藏、陝西、甘肅、新疆邊防總隊	25個總隊
邊防支隊	江西邊防支隊	1個獨立支隊與各總隊下屬支隊
入出境邊防檢查總站	北京、天津、上海、廈門、廣州、深圳、珠海、汕頭、海口	

則與世界各國往來，而這些國家從性質上來說有帝國主義的、資本主義的、社會主義的、殖民主義的、民主主義的不等；從政治態度上來說，對中共有友好的、有敵對的、有中立的，因此每個方向上的敵情不同，造成中共邊防工作的任務相當地複雜。

1.中共建政之初迄九〇年代

中共建政之初，解放軍邊防部隊在東南沿海各島嶼及西南中緬邊界處與國民政府軍隊進行長期的戰鬥，奪取除了臺、澎、金、馬之外的所有東南沿海諸島嶼，也參與了五〇年代初期的鎮壓反革命暴亂的任務。

1962年，印度軍隊侵入中印邊境許多領土爭議地帶，中共於是對印度發起邊境「自衛反擊戰」，駐西藏、新疆的中共邊防部隊在東、西兩段對印軍進行夾擊，從10月20日至11月20日，一個月的時間內打退了印軍所有的進攻，並攻入印度境內，但隨即撤回到1959年11月7日時的中方實際控制線內20公里，並主動釋放和遣返了全部被俘印軍，還交還了印軍所有的武器。中共打贏了這場仗，並成功地嚇阻了印度對中共領土進一步侵略的野心。

1969年東北的中共邊防部隊則對蘇聯進行了邊境戰鬥，保衛了中共對珍寶島聲稱的領土主權。1974年，解放軍海軍與民兵對入侵西沙永樂群島的南越軍隊作戰，擊沉南越護衛艦1艘，擊傷驅逐艦3艘，收復了被侵佔的3個西沙島嶼。

1979年2月17日至3月5日，滇、桂地區的邊防部隊則發起對越「自衛還擊戰」，先是對侵入廣西、雲南邊境的越軍進行反擊。之後，侵入越南，進行縱深打擊，雖攻佔戰略目標諒山，但卻付出慘重的傷亡代價，後解放軍自行撤回中國境內。唯越軍趁解放軍撤退之際，再度侵入老山、者陰山、扣林山、法卡山等地，1981年中共邊防部隊再度發起第二次「自衛還擊戰」，收復了這些地區，然而中越邊境卻因此擾攘多年，一直處於小規模戰鬥、騷擾破壞行動不斷的狀態，直到九〇年代中，越南當局調整其親蘇反中的政策後，中越邊境才重新恢復和平安寧。

2.九〇年代迄今

2001年9月11日，美國遭到以奧薩瑪・賓・拉登為首的國際恐怖組織「蓋達」（阿拉伯文原意為基地）發動的恐怖主義自殺攻擊，恐怖分子劫持四架美國國內客機，其中兩架撞擊紐約世貿大樓，將兩座大樓夷為平地，另一架則撞入美國國防部五角大廈，另一架則在機上乘客與劫機恐怖分子搏鬥後在賓夕法尼亞州墜機，另外還有數起汽車炸彈同時發生。這件震驚全世界的恐怖事件引起全世界各國，包括中共的譴責。這也是一件讓美國與全世界各國邊防部門嚴重關注的事件，因為恐怖分子可以順利的劫機顯示了美國機場口岸的檢查鬆散，恐怖分子可以任意進出美國也代表了出入境旅客檢查的鬆散，而這樣的事情在各國都有可能發生，包括飽受疆獨激進分子威脅的中共。而美國在攻擊之後立即開始進行對收留奧薩瑪賓拉登的阿富汗塔利班政權的攻擊行動，並在阿富汗周遭的巴基斯坦、烏茲別克、塔吉克等地做好進攻準備，採用先進空軍與特戰武力，配合阿富汗北方聯盟對塔利班政權發動軍事攻擊，鄰近的中共、巴基斯坦與伊朗亦在邊境加強戒備。在911世件之後，一支常駐新疆烏魯木齊的中國精銳武警部隊亦奉命轉往一向為新疆分裂運動大本營的喀什地區駐紮，以因應美國與阿富汗對立的緊張局勢，並防止奧薩瑪賓拉登手下的數百名疆獨恐怖主義分子潛回中共境內，由此可見邊防工作對於中國國家安全有多麼重要。

邊防工作是持續不斷的一項任務，中共在邊境設立了群眾性防衛網路。歷史上中國是一個多民族國家，共有55個少數民族，約9,700多萬人口，佔人口的8%，卻佔有領土總面積的63.2%，而少數民族又有一半以上的人口居住在陸地邊疆或沿海地區。在20,000多公里陸地邊境線上就有18,000多公里是少數民族聚居地，138個陸地邊境縣（市、旗）中就有100多個分佈在民族自治區，55個少數民族中有近40個民族，約5,000萬人主要分佈在邊境地區，因此要談論中共邊疆的穩定便不能不提及大陸內部的少數民族。

今日的中共邊疆仍有不少問題。西藏獨立問題、新疆的「東土耳其斯坦共和國」問題、甚至近來內蒙亦出現一股要與外蒙合併建立一個大蒙古國的聲音，在在都造成了中共國家安全的隱憂與威脅。尤其近來疆獨主義者在境外的勢力，如土耳其與中亞回教民族的聲援與武器裝備支援下，已多次以爆炸案展現其威力與決心，對新疆地區與首都北京地區都造成了很大的威脅，又例如，在阿富汗的恐怖分子訓練營中也有許多疆獨主義者接受訓練；至於西藏問題，中共解放軍1950年進藏，1959年發生西藏武裝抗暴事件，解放軍血腥鎮壓西藏軍民，最後造成達賴喇嘛外逃至印度達蘭沙拉建立流亡政府，並向全世界呼籲支援西藏人民與文化，與中共形成之僵局至今未解，雖有達賴喇嘛希望以和平的方式取得西藏自治的呼籲，但也有少壯派西藏人以暴力手段向中共西藏駐軍與政府機關發動攻擊，加上中共箝制西藏傳統的宗教信仰，致使西藏僧侶暴動事件頻傳。以上種種對中共邊疆問題而言，不啻就像是一顆隱而不藏的未爆彈，加重中共的隱憂，因而也促使中共積極爭取與邊疆鄰近諸國的友好與合作。

中共為爭取邊疆鄰近國家合作，自九〇年代始努力拉攏毗連之中亞國家，並於2001年正式成立「上海五國公約組織」，計有中國、俄羅斯、哈薩克、塔吉克、吉爾吉斯加入，預計之後可能還有其他中亞國家加入，如此不但可增進中亞地區貿易往來與繁榮，更可以合作圍堵分離主義者的方式，自邊界取得有利的援助機會，對中共的國家安全有很大的幫助。

六、消防武警部隊

(一) 中共消防武警部隊基本任務

消防警察任務是防火滅火，是保衛人民生命財產安全的保障措施，也是公安保衛工作的一環。自中共建政以來，消防隊伍經歷了由職業制到義務兵役制的發展過程。1965年起，中隊以下人員開始實行義務兵役制，到1982年7月，中共中央三十號文件決定將公安消防人員全部改為義務兵役制，並在1983年1月起將公安消防隊伍納入中國人民武裝警察部隊序列中。1987年，中共將原為兩個體系之公安部消防總局、武警消防總局合併，稱為「公安消防部隊」，隸屬公安部指揮，接受武警總部督導。

消防部隊與內衛部隊編制情形一致，在省、自治區、直轄市的公安廳設消防總隊；地、州、市、盟公安處、局設消防支隊；縣公安局設消防中隊：沿海、沿邊的縣、市、旗公安局設消防大隊等。今日的公安消防部隊計有：北京、天津、河北、山西、內蒙古、遼寧、吉林、黑龍江、上海、江蘇、浙江、安徽、福建、江西、山東、河南、湖北、湖南、廣東、重慶、四川、貴州、雲南、西藏、陝西、青海、寧夏、新疆等29個總隊。

消防武警部隊的基本任務是依照《中華人民共和國消防條例》，經常性地實施宣傳防火教育和發動群眾建立安全防火措施，協助有關單位積極預防各種火災的發生。遇有火災時則立即組織動員，採取各種滅火措施，保衛「社會主義現代化建設」與維護人民生命財產的安全。

（二）中共消防武警部隊工作要點

中國消防工作的要點是「預防為主，防消結合」，因此，消防機關得依法從以下各個方面來執行消防監督管理工作：

1.對各類建築工程進行消防監督管理

中國《消防法》中規定，國內各種建築工程都必須按照國家制定的消防技術標準進行設計、建造，並將有關之建築設計資料送交公安消防機關審核批准，並經驗收合格後方可正式啓用。

2.對易燃易爆的危險物品進行監督管理

根據《消防法》規定，生產、儲存和裝卸易爆危險物品的工廠、倉庫，和專用的車站、碼頭應設置在城市邊緣或相對獨立的安全地帶，生產、儲存、運輸、銷售或使用、銷毀易爆易燃物品的單位、個人都必須遵守國家消防規定。

3.經常性的消防監督檢查

各地消防機關除對轄區內所有機關、團體、事業、企業單位定期或不定期地巡視檢查外，還要把一些危險性大的單位列爲消防安全重點單位，定期進行檢查。對於檢查發現之缺失，則限期改進，並實行對建築物內警報、噴水、防煙系統由符合資格的單位定期檢測維修，並向消防機構備案的制度。

4.各種消防產品質量實施監督管理

根據《中華人民共和國產品質量法》、《消防法》的有關規定，進入大陸市場的消防產品必須取得中國消防產品質量認證委員會頒發的認證證書，及公安部頒發的中國工業產品生產許可證書，並列入國家機械工業局、公安部頒佈的企業產品目錄，並由「國家消防產品質量監督檢驗中心」檢驗合格。

5.有關人員之培訓考核

對進行電焊等具有火災危險性的作業人員與自動消防系統的操作者，必須經培訓、考試合格後才可以持證工作；消防工程公司、消防設備檢測維修公司的管理者與技術人員亦需經過消防考試合格後，方可經營。

除了進行實地的救災滅火與消防監督工作之外，消防訓練是消防武警最經常的工作，由於火警的突發性和滅火的緊迫性，使得速度與耐力成爲消防訓練中十分重要的要求項目，比如22秒鐘著裝完畢、1分鐘內要登車出動、用掛勾梯攀登四層樓要在28秒內完成等等。滅火工作是快節奏、高強度、分秒必爭的任務，因此，培養消防人員高度的責任心與爲保衛國家「四化建設」及社會人民生命財產安全的決心，是消防武警隊伍所極力強調的。

在整個2000年中，中國大陸總計共發生189,000起火災，造成3,210人死亡，4,404人受傷，直接財產損失15.5億元，消防部隊參加滅火與搶險救援接近30萬起，出動警力500萬人次，車輛90萬輛次，搶救被困人員12,000人，搶救、保護財產價值近150億元。

七、黃金武警部隊

黃金指揮部組建於1979年3月，時稱「中國人民解放軍基建工程兵黃金指揮部」。1985年元旦，改隸武警部隊序列，現受國土資源部指揮督導。武警總部下設「黃金指揮部」，設於北京，轄有三個總隊、一個運輸大隊、地質研究所、黃金技術學校等單位，依責任區分佈，對大陸國境開展探勘、開採黃金礦產資源的任務。

黃金第一總隊駐黑龍江哈爾濱，負責東三省與內蒙的黃金地質勘查任務，在優化結構、科學編組的考量下，黃金第一總隊以組建地質勘查公司、礦業公司、工程公司的方式，以軍事化組織形式，實行企業化運行機制。1998年4月成立了「黑龍江東北礦業開發有限公司」，總隊轄有六個支隊，負責黑龍江省地區採金探勘任務。

黃金第二總隊駐河北廊坊，轄有五個支隊，負責華北、華中、華東地區之金礦探勘開採任務。

黃金第三總隊駐四川成都，負責大西南與大西部地區金礦開採與地質探勘任務，轄有六個支隊，其中的黃金第十一支隊組建於1981年，迄今已圓滿達成內蒙古哈達門金礦勘探任務。

黃金部隊組建二十年來，已先後探明超大岩金礦床（100噸以上）一處、特大型岩金礦床（50噸以上）三處、中大型岩金礦床（10噸以上）十三處、大型砂金礦床（5噸以上）四處，累計提交新增黃金儲量800噸，生產黃金25萬兩，潛在經濟價值700多億元。地質科研工作成果也十分豐碩，累計完成科研項目673項，其中榮獲國家科技進步一等獎1項，二等獎1項，國家部委科技進步獎17項等。

針對許多私人非法開採之金礦場，黃金武警亦負有收復之責，並在必要時得以動用武力輔助。比如山西省繁峙縣境內有一個叫做「義興寨」的地方，盛產金礦，在九○年代時遭到大批盜採金礦者入侵濫採亂挖，金礦資源大量流失，山西省政府於是通報武警黃金部隊，由黃金第二總隊第八支隊派出下轄第三大隊進駐義興寨金礦，經過嚴厲手段的清理與整頓，炸毀非法採礦口27個，驅逐15,000名以上的非法採金者，並在一個月後恢復義興寨國營金礦的生產。爲表彰黃金八支隊第三大隊在肩負山西義興寨金礦警戒執勤任務工作中所作出的突出貢獻，山西省政府授予其「黃金衛士」榮譽稱號。

黃金地質研究所是武警黃金部隊從事地質研究的科技單

位，現由博士所長萬方順領導自1991年組建以來完成160多項科研成果，現有科研人員近百人，大部分爲高學歷之青壯年研究專家，含括礦物、遙感、電腦、選測、預測、探測等學門。研究所使用地質統計學方法計算中國的礦產儲量，並派出4支普查分隊在內陸的大西部各高山雪嶺中尋找黃金礦脈，分析成礦帶的地質條件，爲進一步的尋找礦脈打下深厚基礎。

八、水電武警部隊

(一) 中共武警水電部隊之沿革

武警水電部隊原係從事水電建設任務的中國解放軍基建工程兵部隊，組建於1966年8月。1985年1月，基建工程兵部隊改隸武警部隊，即爲武警水電部隊。近十多年來，武警水電部隊共完成西藏波密、八一、查龍、羊卓雍湖及沃卡水電站等大型水利水電工程。

水電武警部隊肩負大陸水資源的調查與水庫、水壩、水源的安全，以及各種發電場所的建設安全維護措施等，轄有三個總隊與三峽工程指揮部。水電部隊接受國務院水利部指揮，以半部隊、半企業之方式承攬國家與民間的水電站、水庫水壩與部分道路橋樑隧道的建設工程，迄今已完成數十座大小水電站，而正在施工的三峽大壩國家重點工程也有武警水電部隊的參與。

武警總部設有「水電指揮部」，設址北京，轄有三個總隊，總隊為正師級，下設副師級之司令部、政治部、後勤部、工程部，下轄正團級支隊。武警水電部隊任務在負責大型水利水電工程及基本建設項目施工任務，亦可接受民間委託進行工程建設，因此武警水電指揮部組建「中國安能建設總公司」對外營業，指揮水電一總隊組建之「江南水利水電公司」與水電二總隊、三總隊。1989年，水電二總隊被評為國家二級企業；1991年，水電三總隊被能源部評為中國能源系統先進施工企業；1992年，三個總隊都被列入中國建築施工企業五百強行列。

2000年7月起，水電部隊之軍事性費用由原先自負盈虧的經費項目下，支出改由武警總部撥發，使總部對水電部隊的控制能力增強。2001年9月，武警總部規定了水電部隊「收縮戰線」，以往各部隊大規模分散各地施工的情形不再，而是將大陸劃分為不同的施工區段分別負責，第一總隊負責廣西、貴州、雲南地區之西電東送工程之進行；第二總隊負責由華東到西部地區的工程，目標指向新疆；第三總隊則紮根西藏；三峽指揮部則繼續參與三峽建設工程，同時兼顧長江沿線堤防重點工程。

（二）中共水電武警部隊之概況

1.武警水電第一總隊（江南水利水電公司）

武警水電第一總隊（江南水利水電公司）是一支有著悠久歷史的部隊，前身為「中國人民解放軍基本建設兵第六十一支隊」，1985年1月轉入中國武警部隊序列。武警水電第一總隊是一支以水利水電施工爲主的特殊部隊，除了政府交付的建設任務外，亦以公司型態對外營業，接受民間委託進行工程，其對外營業之名稱爲「江南水利水電公司」。這支部隊組建三十多年來，承擔了十餘座大中型水電站與許多橋樑、道路、隧道等各類基礎建設工程，爲中國基礎建設的發展與進步有其具體的貢獻。

第一總隊完成興建的獅子灘水電站，是中國第一座自行設計、自行施工、自行安裝的水電站。而在潘家口水庫建設工程上，這支部隊創造了提前一年截流、提前一年蓄水、提前一年發電的佳績，爲中國節約了5,000多萬人民幣投資的優異成績，也因此獲得中國水電部、國家經委和中華中國總工會頒發金質獎章。至於在建設中國「七五」、「八五」重點工程的「天生橋二級水電站」，部隊技術人員貫通了三條總長30km、直徑9.3～10.8m的當今世界最長的水工隧道。建設天生橋一級水電站時，則與巴西MJ公司合作承擔了大壩和溢洪道工程，其中，混凝土面板堆石壩總長1,168m，最大壩高178m，在同類壩型中壩高僅次於墨西哥的阿瓜密爾巴電站，居世界第二、亞洲第一，這個水電站的建成對於大陸西電東送的戰略目標深具意義。

近年來水電第一總隊取得了三峽工程永久船閘一、二期開挖任務、天生橋一級水電站C3標工程、桃林口水庫、大亞灣核電站、嶺澳水庫和沙牌水電站的工程主標，創造了巨大的經濟效益和社會效益。

幾十年來，武警水電第一總隊先後建成了四川龍溪河上獅子灘、上硐、回龍寨、下硐四個梯級電站。大洪河、石棉、映琇灣水電站，參加了葛洲壩水電站初期準備工程和引灤入津、引灤入唐工程建設。同時，還參加了白龍江水電站、白山水電站和雲峰水電站、龍羊峽水電站的建設和龍灘水電站的勘測工作。曾被原基建工程兵、國家計委、中華中國總工會、能源部、水電部、電力部等授予「第一流基建隊伍」、「優秀施工部隊」等榮譽稱號。

2.武警水電第二總隊

武警水電第二總隊是以軍隊的組織形式長期擔負水利水電建築安裝任務的施工部隊，爲中國建設部評定的水利水電建築安裝一級施工企業，中共五百家大型建築企業之一。部隊任務主要承擔大、中型水利水電建築安裝及基礎處理工程，亦能承擔公路、鐵路、機場、碼頭、港口、工業及民用建築和高壓輸電線路架設等工程，現有施工、管理人員6,000餘人，其中技術人員655人，有高級職稱者58人，中級職稱者178人。

武警水電二總隊現有固定資產1.6億元，流動資金4,000萬元，技術裝備總動力13萬KW，人力平均裝備能力約20KW，擁有大型土石方開挖設備、混凝土拌和、運輸和澆築設備、水上砂石料開採篩分設備、配套齊全的鑽探灌漿設備。中國境內由武警水電第二總隊承擔建成的大中型工程有：陳村水電站、紀村水電站、佛子嶺水庫、峽口水電站；參與施工的有三門峽水電站隧洞混凝土襯砌、白龍江水電站隧洞工程、龍羊峽水電站壩基開挖和廠房工程，及萬安水電站、良淺水電站。

武警水電二總隊採用部隊的組織形式和專案經理責任制相結合的經營機制，集部隊和企業的雙重優勢於一身。1989年，在水電施工企業中爲首家被國務院授予國家二級企業稱號的總隊；1993年，被建設銀行江西省分行評定爲特級信用企業。

3.水電第三總隊

水電三總隊專門負責西藏地區水電工程建設，爲1991年7月1日由駐藏武警水電工程指揮所改編成立，擔負西藏羊卓雍湖抽水電站、滿拉水電站等工程任務，被譽爲「世界屋脊水電鐵軍」。

4.三峽工程指揮部

武警水電三峽工程指揮部隸屬武警指揮部，組建於1993年7月，經國務院、中央軍委1997年7月批准正式在宜昌駐軍。在三峽工程建設中，主要承擔雙線五級永久船閘一期工程和二期地面工程的建設任務，同時還擔負了三峽壩區15平方公里範圍內在建設期間的警衛、消防任務。

武警水電三峽工程指揮部擁有價值約2億元的世界先進施工設備，現有施工人員2,500餘人，各類技術幹部400餘人，其中具有高、中級職稱的200餘人，專業技術警士500餘人。

中共水電武警受國務院水利部業務管轄，接受國家任務，進行各水電站的建設任務，然而在這些對國家發展有重大影響的敏感地點，水電武警部隊亦負責武裝守衛任務。近年來鑑於水電部隊在建設之餘亦必須負責部分軍事性任務，造成收支不平衡之情況，中共中央軍委與國務院已同意自2000年起將水電武警與交通武警部隊的軍事性費用改由中央給予補助，不再全部自負盈虧。

九、交通武警部隊

武警交通部隊前身為解放軍基建工程兵部隊，自1966年8月1日組建以來，肩負大陸地區重大交通工程建設、邊遠地區國（邊）防公路維護及搶險救災任務，先後承擔天山公路、青藏公路、中巴公路、中尼公路、川藏公路、新藏公路等交通幹道及秦皇島煤礦碼頭、大窟灣港、六盤山隧道等重大工程建設。

武警交通部隊自組建以來，一直從事交通工程的建設施工，先後完成了川藏、青藏、新藏、中尼、中巴、天山獨庫公路等工程的施工，並參與石太高速公路、滬寧高速公路、柳桂高速公路、吐烏大高速公路之建設，並承擔上海大場立交橋、沱沱河大橋、四川二郎山隧道、寧夏六盤山隧道的施工任務，並先後在巴基斯坦、孟加拉等地從事公路、機場、港口建設，累計完成各等級公路5,660多公里；其中，高速公路300多公里、公路隧道28條、公路大橋70座、互通式立交橋10座，品質全部達到優良等級。

交通武警總隊受中共國務院「交通部」與「武警總部」雙重領導與管理，武警總部下設有「交通指揮部」，轄有二個總隊及一個獨立支隊。自2000年7月起，交通部隊的軍事性費用由原先自負盈虧支出改由武警總部撥發。

十、森林武警部隊

（一）從「林業公安」至「武警森林部隊」

中國武警森林部隊前身為「林業公安」，1987年以森林警察辦公室之名加入武警部隊序列，1999年2月10日國務院與中央軍委決定將森警辦撤銷，並批准組建「武警森林指揮部」，由武警總部及「國家林業局」雙重領導管理，森林指揮部於1999年8月4日於北京正式成立。

森林武警部隊為各具有一定森林面積的省分所建制的森林警察部隊，省級設有森林警察大隊，各森林工業管理局與山區縣（林業局、科）設有中隊等。

武警森林指揮部轄有內蒙古、吉林、黑龍江、四川、雲南、西藏、新疆七個總隊，主要肩負森林與草原地區防火、滅火任務，並根據部隊所在省、自治區政府的統一部署，保護林業資源。

（二）武警森林部隊之組織編制

1.內蒙古森林總隊

內蒙古森林武警總隊司令部設在內蒙古自治區首府呼和浩特，組建於1952年，負責內蒙古各盟、旗境內草原與森林保護任務。總隊轄有呼和浩特森林警察學校與訓練大隊，兵力有10個支隊，分駐呼和浩特、興安盟、錫林郭勒盟草原、呼倫貝爾盟、阿拉善盟、包頭等地；另有十個左右的大隊分駐在各地林區。

2.吉林森林總隊

吉林省是大陸國家重點林業省分之一，全省有林業面積797.7萬公頃，森林覆蓋率爲42.49%，擁有長白山自然保護區。吉林森林總隊司令部在長春市，轄有兵力計有：延邊、吉林、白山三個支隊與另外約十個左右的大隊單位。

3.黑龍江森林總隊

黑龍江森林總隊司令部在哈爾濱，總隊配備有賓士消防車、全地形運兵車、裝甲運兵車、裝甲消防車、Mi-17直昇機、直九型直昇機等專業設備，轄有黑龍江森林警察學校，兵力有：齊齊哈爾、牡丹江、松花江、佳木斯、合江、大興安嶺等支隊。

4.四川森林總隊

2000年4月經國務院批准組建，司令部在成都，負責四川地區森林與自然保護區之資源保護任務，包括大熊貓的保育禁獵工作。

5.雲南森林總隊

雲南森林總隊為1993年東北森林武警機降部隊調駐雲南改編而成「武警雲南省森林警察支隊」，並於1996年10月30日擴編為雲南森林總隊。雲南森林武警總隊是西南地區唯一的一支專業滅火護林部隊，素有「西南護綠鐵軍」之稱，它肩負著全省1,682萬公頃森林的防火滅火、林政執勤、保護珍稀動物等任務，直接為駐地生態環境保護，旅遊和林業資源開發利用而服務，是雲南開發特色經濟產業不可或缺的重要力量。

雲南森林總隊司令部在昆明，兵力計有：駐西雙版納國家自然保護區的西雙版納森警大隊、昆明市支隊、思茅支隊，與麗江、大理、保山等數個大隊兵力。

6.西藏森林總隊

2000年4月經國務院批准組建，負責西藏、青海等高山高原地區森林資源之保育工作。

7.新疆森林總隊

2000年4月經國務院批准組建，負責新疆天山、阿爾泰山等地森林資源之保護。

（三）森林武警部隊之主要任務

森林武警部隊為中共國家武裝力量的組成部分之一，負責森林與自然保護區的森林資源維護任務，制止亂砍濫伐、毀林開荒、非法狩獵等事件的發生與進行善後處理。如黑龍江森林武警部隊配有現代化武器與裝備，有卡車、指揮車、裝甲運兵車、直昇機等裝備，無線電通訊由下而上進行網路化，組織瞭望、巡護成一整體網絡，能做到及時發現森林火情，及時撲救，以確保森林資源的安全。

由於中共建政以來並不注重自然環境的保護，到了經濟發展時期又寧願犧牲環境以發展農、工業，並放任人民濫墾濫伐，以致造成了西部地區亂砍濫伐嚴重、過度耕種二十五度以上的山坡耕地，以及在草原上超額承載過度放牧，導致了水土流失、草原沙化和荒漠化的惡果，並形成「越墾越窮、越牧越荒」的惡性循環。

近年來中國已加強對自然環境的保護工作，提出「以糧食換林草」計畫，在雲南、四川、新疆、陝西等地進行「退耕還林、退耕還草、退耕還湖」等改善自然生態，將人類過度使用而侵佔的森林、草原與湖泊還給大自然，以發揮大自然調節環境的功能，並對因此受到損失的農民、牧民給予補償及糧食補助，並推行以煤代柴、以電代柴的措施，對於保護生態環境不再繼續遭受破壞來講，不能不說是一項很大的進步。若施行成效良好，將可緩解長江、黃河等近幾年屢次發生洪患等大江、大河上游水土流失的問題。有效的自然環境改善，將可同時保障中下游城市與居民的生命財產安全。

十一、特種武警部隊

武警特警部隊主要任務在肩負重要國賓、重大會議與慶典的警衛，以及執行空中勤務、機場排爆、反劫機、反劫持、反恐怖等任務。

特警總隊的前身是1982年組建的「公安部反劫機特種警察部隊」，1985年改編爲特種警察學校，再於2000年升格爲「特種武警學院」。特種武警總隊位於北京，即爲「特種警察學院」，學校即隊部，「亦隊亦校，學戰一體」，平日訓練，有狀況時立即出動。

特警部隊是武警部隊中反恐怖戰力最強的部隊，隊員都有著以一當十的本領，不管是射擊也好，擒敵戰技，或是體能素質，都是一等一的。特警進行的是高強度訓練，練速度、練耐力、練力量、練協調和靈活性，每天進行從5,000公尺到28,000公尺的飽和越野跑步訓練，每個人都有著像超人般的體能。據記錄，特警隊員5,000越野最佳成績是15分30秒，10,000公尺越野最佳記錄是35分12秒，至於攀登、搏擊、機降、傘降、野外生存等都是必學的課目。

另外，在射擊方面也進行大量的訓練，手槍、步槍、衝鋒槍、機槍，狙擊槍等，彈藥是打多少有多少，但目標不但要求百發百中，也要求出槍速度快、擊發速度快、換彈匣快、裝子彈快。雖然特警部隊至今出過的任務並不多，但是部隊要求隨時在「黨和人民」需要的時候，特警能夠隨時出擊並達成任務。

各地武警總隊近年來陸續建立自己的特種分隊，而以四川總隊之女子特警隊最引人注目。1999年8月，一支以「中國武警十大忠誠衛士」雷敏等第一代女特警爲代表，以敢打硬拼不怕吃苦聞名全大陸的「四川武警女子特警隊」移師北京，併入特種武警總隊，負責天安門地區之巡邏守衛任務，在狀況來時亦可與男性特戰隊員共同擔負反劫機、反恐怖、反暴亂等特殊任務，發揮以女兒身鬆懈敵人心防的特殊效果，再以迅雷不及掩耳的速度制服目標。

十二、機動武警部隊

1996年起，根據共軍「九五計畫」之規劃，陸續有十四個解放軍乙種師約200,000萬人改編入武警部隊序列，並賦予一般派駐各省、地、市之內衛武警部隊所無之「部隊代號」，是爲武警機動師，分別配屬在瀋陽軍區兩個師、北京軍區三個師、蘭州軍區兩個師、濟南軍區一個師、南京軍區三個師、廣州軍區一個師、成都軍區兩個師。這十四個武警機動師爲直接自解放軍移編的部隊，因此保有與解放軍較密切的聯繫，亦有使用的專門番號，不同於平常的武警部隊。

武警機動師除了師的直屬部隊外，另編配有四到五個團級（支隊級）部隊，全師皆爲全訓部隊，平日不執行內衛執勤工作，完全投注於訓練任務當中，當周遭情勢需要時，再由中央軍委調派進入各地執行指派任務，與解放軍演訓等任務關係密切。

機動武警部隊來自解放軍，不管在戰略戰術思想上都需要時間來轉換爲武警的模式，之前隸屬解放軍時代進行的野戰、陣地戰、運動戰、人民戰爭等等的軍事訓練以及對外鬥爭的愛國思想，用來進行對國內罪犯與突發事件的處理上就會顯得格格不入，有殺雞用牛刀的感覺，而在法制教育、警衛工作、犯罪偵察處理、擒敵戰技、防暴鎮壓、機動處突等方面也都需要重新學起。然而從另一方面來看，由於解放軍在進行機動戰、組織戰、生化戰、動員戰，以及使用軍事性武器的能力高於一般武警部隊，這些機動部隊的納編對於提高武警部隊在防生化作戰及與解放軍之協同作戰能力上搭起了一座橋樑。

這十四個武警機動師平日作爲全訓部隊，進行高強度的密集軍事、機動處突訓練，在情勢需要時隨時可以做爲尖刀部隊投入現場，既有正當的警察身分來介入處理大規模群眾事件與騷暴亂事件，在戰爭發生時又可作爲解放軍輔助部隊，在戰場上與陣地上協助解放軍一線作戰部隊對敵實施作戰。武警部隊在戰時可以依國際法規定，經宣告而成爲正規武裝部隊加入戰鬥任務，其法律地位在本章第三節「武警法律地位」段落中會有更詳細的闡述。

更重要的是，在未來可能發生的兩岸衝突中，由於中共武警部隊具有的警察性、國內性，使得中共可以在解放軍登陸部隊突破台灣海岸防線而建立橋頭堡後，調動大量的武警機動部隊來用在對台的後續掃蕩「綏靖」作戰上，可以在國際上造成「軍事作戰已結束，僅剩警察隊伍在維持社會治安」的幻象，麻痺世界各國的輿論攻擊，加上中共一直不斷貶抑我國際地位，強迫世界各國以承認中共對台灣的主權爲建交條件，在法律上造成世界各國承認中共對我主權之要求，使台灣陷入被動情勢。

十三、武警院校

武警院校可分爲高級學院與指揮學校兩級，前者培訓營級以上警官幹部，後者則培訓基層連隊幹部，另有部分專業技術學校。以下我們就武警部隊現有之軍事院校作一番介紹。

（一）武警學院

「武警學院」爲武警最高級院校，位在河北廊坊市，爲培養支隊以上指揮員及部分專業幹部的高等學校，組建於1981年4月24日，設有內衛、邊防、消防、政治等系，並設有內衛、邊境管理、邊防檢查、安全技術檢查、政治工作五個專業。本科生學制四年，招考中國高校考生；專科生招收武警大隊以上指揮員和邊防專業幹部，學制二年；進修班招收支隊以上幹部，學制三至六個月。

（二）武警工程學院

「武警工程學院」建於陝西西安秦代阿房宮遺址上，以理工科爲主，設有光電、消防工程、消防管理、機械、外語、後勤等六個系，招收應屆高中畢業生或武警幹部與士兵，學制分爲二年、三年與四年，畢業後可獲中專、大專或大學本科文憑。該校於1999年9月，奉國務院正式批准開辦研究生教育，於是校內開始招收武警部隊第一個碩士班學生，研究重點放在「作戰指揮學」、「軍事通信學」、「軍事裝備學」、「密碼工程學」等，並修建了「武警指揮自動化中心」、「軍事交通運輸中心」、「計算機網路中心」等一批重點實驗室。1999年有9名武警部隊研究生，2000年則有15名研究生，是武警部隊第一支研究生隊伍。

（三）武警指揮學院

「指揮學院」，位於天津，爲原山西夏縣「武警專科學校」改制遷校至天津而成立，爲武警培養高級指揮人才的學院，開設營、團、師三級幹部培訓，分爲「政工」、「參謀」與「幹部進修」三個系。每年可培養兩千多名懂軍事、指揮及專業技術之高級人才。

2000年9月，北京、西安、廣州、瀋陽、成都的武警指揮學校經中央軍委批准由指揮學校升格爲「指揮學院」。透過科技改造、更新教學內容，改進和創新教學方法，爲教育訓練的發展提供了堅實的技術基礎。這批新學院著重在以「科技興教」奠基建設，按照現代條件下「執勤」和「處突」的要求，構建起以科文爲基礎，軍事理論、技術戰術爲支撐，通科培訓爲基礎的武警「指揮專業」課程體系；並籌資建成技術先進、功能齊全的教學資訊網路系統；突出科技主題，創新教學訓練方法，在軍事、政工、管理等課程上加大了對新理論、新技術、新戰法、新訓法的研究。

（四）武警指揮學校

「武警指揮學校」於1983年經中央軍委批准在各省、自治區、直轄市分別設置，隸屬各總隊，指揮學校負責培訓排、中隊級之初級指揮幹部與技術幹部。武警指揮學校目前有西寧、石家莊、南昌、合肥、哈爾濱、杭州、呼和浩特、福州、長沙、蘭州、烏魯木齊、鄭州、太原、天津、南寧、海南、昆明、貴陽、長春等十九所，主要招收地方應屆高中畢業生或具高中畢業程度和同等學歷的優秀武警士兵和正副班長，而部隊正副班長的文化素質近年來已逐漸提高，使初級指揮院校的學員素質隨之提高。指揮學校學制兩年，依各地方實際狀況需要，開設內衛、邊防、消防、後勤等專業，畢業後可獲得中專學資。

（五）特種警察學院

「特種警察學院」位於北京，係合併各地培訓特種作戰骨幹的基地而成立的學校，以培訓特種作戰人才，加強執行對重要外國貴賓的安全保衛及各種慶典的機動任務，特色是「亦隊亦校，學戰一體」，學員除需學習擒敵、射擊、駕駛、反恐怖戰術外，並隨時準備肩負外勤支援任務。

（六）武警醫學院

「武警醫學院」設於天津，前身爲1984年成立之武警醫學專科學校，1994年12月10日改制爲武警醫學院，學制五年。

（七）武警衛生學校

「武警衛生學校」設於安徽合肥市，1990年9月6日成立，設有醫事、護士、檢驗、藥學、放射等五個專業，是一所學制二年的護理學校，培養具有中專程度的護理人才。

（八）武警黃金技術學校

「武警黃金技術學校」係培養武警黃金部隊幹部與技術人才的學校，招收對象爲武警黃金部隊正副班長與士兵。

（九）武警水電技術學校

「武警水電技術學校」爲培養武警水電部隊幹部與技術人才的學校，招收對象爲武警水電部隊正副班長與士兵。

（十）武警邊防指揮學校

「武警邊防指揮學校」計有呼和浩特邊防指揮學校、新疆邊防指揮學校、廣東邊防指揮學校、海南邊防指揮學校、昆明邊防指揮學校與雲南邊防指揮學校，培養武警邊防部隊之排與中隊指揮幹部和技術幹部。

（十一）武警水面船艇學校

「武警水面船艇學校」位於浙江鎮海，1983年成立，負責爲公安邊防部隊培養船艇指揮、技術幹部和各類專門人才。設有「航海指揮」、「機電管理」、「通信技術指揮」、「計算機應用」和「內河駕駛」等五個專業，招收浙江、福建、廣東、廣西等省區的邊防部隊海上巡邏官士兵。

貳、政治思想工作

一、堅持以黨領軍、人民軍隊格局

武警部隊為中國國家三大武裝力量之一，也是人民軍隊的一環，對於中國共產黨來講，西方資本主義國家宣揚的「軍隊中立化」、「軍隊國家化」，「軍隊不該為某一特定階級服務」的論點是完全荒謬可笑的，因為從馬克思、列寧、毛澤東關於階級與軍隊的有關論述中都說明，軍隊本身就是階級鬥爭的產物，隨階級的出現而出現，也隨其消亡而消亡，因此軍隊一定要依附於某一特定階級而存在，而「人民軍隊」就是為了無產階級與勞動人民的解放而存在的，而這個階級特性也就是解放軍與武警部隊都必須堅持黨絕對領導的原因。中國共產黨是無產階級的政黨，中共也是無產階級專政的國家，因此中國共產黨是執政黨，也是沒有在野黨競爭而永遠執政的執政黨，共產黨的黨意就是國家的意志，黨領導軍隊與國家領導軍隊本質上是一致的，這也就是中國共產黨中央軍委與國家軍委其實是同一個機構，掛兩個招牌的緣故。

政治工作與政治教育是武警部隊教育訓練的一個重要組成部分，是一項對部隊進行黨的路線方針政策、基本理論和經常性的思想教育為主的教育，重點著重在提高武警部隊官士兵對愛國主義、共產主義的認識與覺悟，提高部隊戰鬥力，保證部隊以執勤爲中心的任務順利執行。武警部隊傳承解放軍「人民軍隊思想」，秉持當年毛澤東爲解放軍所定下之人民軍隊建設原則：（1）全心全意爲人民服務是人民軍隊的唯一宗旨，是團結戰鬥的政治基礎；（2）解放軍是中國共產黨所締造和指揮的人民軍隊，必須置於黨的絕對領導下，堅決執行黨的綱領、路線和政策；（3）政治工作是人民軍隊的生命線，政治工作要把進步的政治思想灌注於軍隊之中，最大限度地調動官兵的革命熱誠；（4）人民軍隊既是戰鬥隊，又是工作隊、生產隊，擔負打仗、做群眾工作、生產三大任務，既是保衛祖國又是建設祖國的重要力量；（5）人民軍隊堅持官兵一致，軍民一致，瓦解敵軍的原則一致，實行軍事、政治、經濟三大民主，遵守三大紀律八項注意，保證軍隊內部與外部的團結。

武警部隊是黨和國家武裝力量的重要組成部分，是中國共產黨進行所謂的「人民民主專政」的堅強柱石，因此必須堅持永遠忠於黨、忠於國家、忠於社會主義、忠於人民，並堅持四項基本原則：「堅持社會主義道路、堅持無產階級專政、堅持共產黨的領導、堅持馬克思列寧主義、毛澤東思想」。這就造成了黨要保持部隊在政治上永遠合格，增強幹部士兵政治上的堅定性，保證槍桿子掌握在政治上可靠的人手中，以保證黨的路線、方針、政策能夠順利地貫徹執行。因此，中國共產黨努力加強各級武警部隊政治工作，保持武警部隊無產階級的性質，並提高武警部隊的政治建設到新的水平，以保證部隊在新的歷史條件下能夠經得起考驗，在關鍵時刻能夠聽從黨的指揮。

中共人民武裝警察部隊是中共內部控制重要的一環，也是其政治安全保障的重要工具，從其武警新兵入伍誓詞得知，中國共產黨對其「槍桿子」的不放心。誓詞內容爲：

> 「我是中華人民共和國公民，依照法律服兵役是我應盡的光榮義務，為了負起革命軍人的神聖職責，我宣誓：『熱愛中國共產黨』，熱愛社會主義祖國，熱愛中國人民武裝警察部隊，全心全意為人民服務。執行『黨的路線、方針、政策』，遵守國家的法律、法規，執行部隊的條令、條例和規章制度，服從命令、聽從指揮。努力學習軍事、政治、科學文化，苦練殺敵本領，愛護武器裝備，保守軍事秘密，發揚優良傳統，參加社會主義物質文明和精神文明建設，勇於同違法亂紀行為作鬥爭。英勇戰鬥，不怕犧牲，保衛社會主義祖國，保衛人民的和平勞動，在任何情況下絕不背叛祖國。以上誓詞，我堅決履行，絕不違背。」

從誓詞中可以探知，將「熱愛中國共產黨」列爲武警部隊新兵誓詞的第一句，主要是確立起中國共產黨高於任何一切形式的組織，而執行「黨的路線、方針、政策」更是高於國家及部隊的條令，其目的就是將黨的領導地位置於國家、武警部隊之上。這跟前述中共對其「國家」的基本概念有關，「中國共產黨」組織權力地位淩駕於中共現存任何形式的組織。

而中共武警部隊前司令員楊國屏上將表示：「堅持把思想政治建設放在首位，確保部隊政治合格」，「堅持黨的絕對領導是加強思想建設的核心」，而何謂「黨的絕對領導」？根據中共公安辭典解釋：「『中國共產黨對武警部隊的絕對領導』爲武裝警察部隊建設的根本原則。」其主要內容詳列如下：

> 「武警部隊的最高領導權和指揮權集中於中共中央、國務院和中央軍委，無論在任何時侯、任何情況下，部隊都要毫不動搖地與黨中央在思想上、政治上、行動上保持高度一致，堅決服從黨的命令，聽從黨的指揮，做黨的忠誠捍衛者，只允許中國共產黨在部隊中建立組織和開展工作，絕不允許其他任何黨派在部隊中建立組織和活動，也不允許任何個人向黨爭奪兵權。未經相應政治機關批准，部隊人員不得參加民主黨派和宗教組織，不得擅自參加地方的群眾團體，不得成立條令條例規定之外的團體組織。實行這一制度，是由中國共產黨的性質和武警部隊的性質所決定的。為了實現和保證黨對武警部隊的絕對領導，必須在武裝警察部隊中建立和健全黨委制，必須把黨的支部建在中隊，必須實行政治委員和政治機關制度，加強部隊的思想政治工作。」

從以上可以得知，中共在制度上強調黨控制一切，以黨領政、以黨領軍、以黨領導群眾，而在武警部隊中更是如此。黨的領導組織呈金字塔型，成員分布在其武警組織當中，從總隊、支隊、大隊到中隊，都有其組織，不容許中間產生空白。成爲一個由上而下高度嚴密控制的組織。而在其中隊（連）的黨支部工作內容來分析[1]，可以得知一個單位元的黨委控制該單位元所有人的衣、食、住、行、醫療，甚至意識、潛意識和無意識中的思想活動。

由於中共「黨」、「國」不分，將國家政策視爲實現黨的基本路線、爲達成一定目標而規定的策略原則和行動準則，因

[1]【武警部隊中隊黨支部】中國共產黨在武警部隊中的基層組織，是中隊統一領導和團結的核心。中隊黨支部的主要任務是：（1）宣傳和執行黨的路線、方針、政策，部隊的條令、條例、規章制度，上級黨組織的決議、命令、指示和本支部的決議，組織和帶領幹部戰士完成以執勤和處置突發事件爲中心的各項工作任務；（2）組織中隊黨員認眞學習馬列主義、毛澤東思想、鄧小平同志建設有中國特色社會主義理論和新時期軍隊建設思想，學習黨的基本知識、基本路線和優良傳統，學習軍事和科學文化知識；（3）嚴格黨的組織生活，正確開展批評和自我批評。組織對本中隊黨員進行民主評議，表揚優秀黨員，監督黨員切實履行義務，保障黨員的權利不受侵犯；（4）密切聯繫群眾，傾聽群眾對黨員與黨的工作的批評和意見，維護群眾的正當利益；做好經常性的思想工作，及時發現和正確處理本中隊的錯誤思想和不良風氣；關心和改善本中隊的物質文化生活；做好幹部、戰士家屬的工作；（5）保證幹部正確行使職權、教育和監督幹部遵紀守法、廉潔奉公，做中隊全面建設的引路人、帶頭人；（6）開展擁政愛民活動，密切軍政軍民關係；（7）教育黨員和群眾提高警惕，堅決同刑事犯罪作鬥爭；（8）有計畫地做好發展黨員的工作；（9）領導共產主義青年團支部和軍人委員會的工作；（10）收繳黨費。中隊黨支部的作用，其核心是充分發揮戰鬥堡壘作用，把廣大官兵團結在黨支部的周圍，保證部隊建設的正確方向、保證部隊旺盛的戰鬥意志、保證中隊高度集中統一、保證完成以執勤和處置突發事件爲中心的各項任務。（摘錄自中國公安辭典。北京：群眾出版社，1999年9月1版1刷，第570頁。）

此對中國共產黨來講，「法律」是黨政策的定型化，是上升爲國家意志的黨意，而黨的政策一經法律化，取得更高的穩定性和強制性，就無人可違反黨的政策，否則受到的就是國家力量的制裁了。武警部隊在黨的指揮下，執行黨的政策，維護國家法律，其實本質上都是一致的。江澤民在1999年7月16日提出了武警部隊「永遠作黨和人民的忠誠衛士」的口號，作爲武警部隊政治思想的重點思想，就是中共黨意至上意識形態最顯明之展現。

二、黨委領導制度

在武警部隊中的政治控制制度乃是「黨委（支部）集體領導」下的「首長分工負責制」，形式上是一套班子兩個牌子，通常是指導員任黨支部書記，中隊長任副書記，指導員與中隊長皆一身二職的這種既有黨內職務，又有行政職務的雙重身分。然而可以發現的是，上從總部的政委，下至基層中隊的指導員，其黨職皆高於部隊軍事指揮官的黨職，因此黨可有效地掌握部隊的指揮權。

每年在武警部隊新兵入伍時，總隊、支隊級單位都要組織專門人員，按照公安部、總參、總政《關於兵員政治條件的規定》逐人進行政治審查，對入伍前有劣跡或不符合條件者，予以退兵處理，做好事先篩檢工作。

在武警部隊中，以中隊爲基礎，建立以幹部、黨員與正副班長爲主體的「核心骨幹」，在日常生活中擔任武警士兵思想交流的主要媒介，並挑選士兵中能說善道，有較高積極度的人爲輔助，幫助開導有思想問題的武警士兵。

另外，亦建立「定期回報」制度，加強思想骨幹隊伍建設，建立「資訊反饋網絡」，針對部隊思想動態、思想骨幹每週向中隊幹部報告一至二次，中隊每週、大隊每半月向支隊報告一次，遇到重大問題與嚴重事故時則立即通報，隨時處理。此外亦有「綜合分析」制度，各排每週，中隊、大隊每月，支隊每季對部隊幹部、士兵的思想狀況要進行一次全面分析，及時預測，而支隊級每季也要向總隊提交一份部隊思想狀況的綜合分析資料。

各支隊黨支部委向來將思想教育放在極重要的位置上，並堅持狠抓落實，以學習《毛澤東選集》、《鄧小平文選》、《中共黨史》和黨基本知識等，對部隊進行思想、紀律與道德教育，同時結合國內外形勢的各種變化，下功夫抓好士兵的思想教育。1989年天安門民主運動期間，黨委及時動員加強了思想工作，東歐巨變與蘇聯解體後，黨委也及時地組織學習《國際共運史》，進行黨的基本路線和國情教育，使部隊瞭解國內自改革開放後取得的巨大成就，進一步堅定了社會主義信念，保證了各級部隊思想上、政治上、行動上與黨中央的路線保持一致。

中國共產黨十一屆三中全會以後，黨中央確定了「改革開放、發展社會主義有計畫商品經濟」的基本方針，黨的工作重心轉移到經濟建設上，爲了適應黨的重心轉移，服務國家的經濟建設、服務社會主義現代化這個大帽子，在1985年中國共產黨中央軍委擴大會議以後的軍隊工作從「臨戰狀態」轉入以現代化為中心的「和平建設」軌道。為了適應這個歷史性的黨路線轉變，加強武警部隊的革命化、現代化、正規化建設，中央軍委與總政戰部著眼軍隊長遠建設與穩健發展，制定了許多規章，以使部隊能夠遵循並充分貫徹黨與國家的軍政方針。

1988年，中央軍委向全軍，包括武警部隊，頒發四項政治工作重要文件：《全軍政治工作會議紀要》、《軍隊政治工作條例》、《軍隊基層建設綱要》、《軍隊經常性思想工作要則》，對於加強和改進部隊政治工作具有重要的現實與長遠的指導意義。武警部隊的政治工作也圍繞著這四項重要文件持續進行。

三、思想教育與政令宣導結合

中國共產黨一向善於利用思想教育與政治傳播宣達政令，就如同當年江澤民的「講政治、講正氣、講學習」之「三講」學習教育一般，江澤民在2001年的中共黨慶提出的「七一講話」(即三個代表論)，目前正在大陸各地展開學習工作，包括中國黨政軍系統的誓死效忠，學者專家的撰文肯定，八大「民主黨派」與宗教界等社會各界的表態支援，以及新華社、人民日報、求是、中央電視台等各大官方媒體的宣傳，這是中國共產黨從事思想政治教育工作一貫的步驟，武警部隊甚至組成「學習七一講話宣講團」到各部隊中進行巡迴宣講。以下列舉幾項武警部隊中思想教育的重點：

1.中國武警十大忠誠衛士

1998年，武警山東總隊某部的一名幹部榮獲「中國十大傑出青年」稱號，使武警政委徐永清心中生出了一個念頭：「各行各業都在推舉自己的典型，少年英雄、公安英雄、知識英雄等等稱號到處都有，何以武警部隊沒有自己的英雄？」弘揚英雄精神，履行國家賦予之神聖使命，正是加強部隊精神建設，鼓勵武警百萬幹部與士兵「作黨和人民的忠誠衛士」的一個激勵點，於是徐永清政委提出「評選中國武警十大忠誠衛士」的提議很快成爲武警總部黨委的共識，並於1998年初由總部下發《關於評選中國武警十大忠誠衛士的通知》。

因此，1998年起，武警總部每年從中國武警部隊中選出十名「武警忠誠衛士」，其中有完成執勤與處突任務中捨生忘死的英雄、有見義勇爲在搶險救災中聲名遠播的英雄、有在科技強軍浪潮中潛心研究新科技的研究者、也有在平凡崗位上堅守崗位的模範，至2001年已評選出四屆的「武警十大忠誠衛士」。

2.功等、榮譽稱號與學習運動

在中共解放軍中有所謂的「立功」制度，有集體一等、二等、三等功，乃以中隊（連）爲單位給予，在個人方面亦有一等、二等、三等功。凡是個人或團體在執勤任務上有突出的表現或有強「黨」益民之舉，可以在人民群眾、地方人民政府的推薦之下，或是各級黨委的推薦之下，由武警總部頒發功勞獎等。個人受頒功績之後，在進入各級武警學校以及由兵提升爲幹部的道路上都會有許多方便，更是入黨的保證書。在國務院1987年11月17日發佈的《退伍義務兵安置條例》中也規定，服役期間立過二等功以上者，國家應爲其安排工作；在服役期間立過三等功者，國家應予適當照顧，因此立功是許多官兵夢寐以求的。

解放軍與武警部隊中也有「學雷鋒標兵」、「優秀共產黨員」、「學習好八連活動」、「學習劉四虎運動」、「學習董存瑞、黃繼光運動」等學習歷史上有特殊功績者的精神，藉由各種表彰給予榮譽，並爲其他士兵立標竿，試圖激起其他士兵效法並發揚傳統艱苦戰鬥之精神。

近年則陸續有各項全軍學習運動，如推展「四有教育」，培育「四有」新人，即「有理想、有道德、有文化、有紀律」的革命接班人。有理想者，爲社會主義、共產主義事業奮鬥終身，爲保衛祖國、建設祖國貢獻力量；有道德者，公而忘私，先人後己，愛黨、愛政、愛軍、愛民、愛祖國；有文化者，努力學習科學文化知識和戰鬥技術，有保衛祖國、建設祖國的本領；有紀律者，服從命令，遵紀守法等。中國的「四有教育」堅持說要以高標準學習中國共產黨領導人的指示與講話，著眼軍隊特性，提倡「無私奉獻」精神，把「四有教育」與「學習雷鋒、學習英雄模範和軍中各種先進典型」結合起來，培養出忠於黨與人民的忠誠衛士。然而可見的實際情況是，新生代的士官兵已經越來越沒有所謂犧牲奉獻的精神，對於艱苦奮鬥的精神也多嗤之以鼻，好比訓練時擔心太拼命會出事，他們寧願不當「武狀元」，也不想成爲光榮的「傷殘兵」，這些都是中共部隊高層近年頗爲傷神的問題。

參、武警執勤任務

武警最爲人所熟悉的即爲其持續不斷的執勤任務，這也是武警與解放軍最大的不同之處。解放軍平日進行不間斷的軍事訓練，唯有在戰爭爆發或進行演習時，才會眞正開始執行其軍事性的任務，是爲「全訓部隊」的型態；而武警由於負責國家內部保衛的任務，其多數時間是進行二十四小時不間斷的執勤工作，因此只有抽空或以輪調的方式進行軍事訓練，是爲「半訓部隊」，而只有前文所提之十四個武警機動師部隊在平日並不進行執勤任務，而以全訓部隊型態投入軍事訓練，待有重大意外事件、戰爭或軍事演習時方才出動執行任務。

一、武警法律地位

本段將針對武警在和平時期與戰時所處的法律地位作一說明。

（一）和平時期

在和平時期，武警以警察身分，依照上級與各級黨委的命令執行任務，然而在執行治安任務時，對於觸犯《刑法》、違反《治安管理規定》、違反《城市交通規則》等刑事與行政法規的行為，武警並「不具刑事與行政處罰權」，處罰的「刑事權」與「行政權」在公安機關的其他警種手上。法律上來講，武警的武裝巡邏對違反刑事或行政法規的行為只能提出「勸告」和「制止」，不具備執行處罰的權力。因此，武警在執勤過程中，對於發現的各類違法犯罪活動與治安危害事故，應按照法定的職責分工，交由管轄的公安機關和其他警種處理。以下舉武警在城市中進行的武裝巡邏任務為例，來說明武警與公安人員法律地位之差異。

1.聯合組網巡邏

武警作為一支維護城市治安的力量，在城市中肩負著「武裝巡邏」勤務，以「公開的武裝巡視警戒」，防範各種現行之違法犯罪活動發生，而與公安機關合組巡邏網為武警進行城市巡邏勤務時時常採取的方式。「聯合組網巡邏」指的是武警與公安機關的治安警、交通警、戶籍警、刑警等組成多警種的混合巡邏網絡，並以兩種方式來進行：第一，武警與治安警、交通警、戶籍警、刑警等警種成員相互結合，採用混合編組的方式組成治安巡邏隊或巡邏組；第二，武警與諸警種成立聯合巡邏指揮部（聯指），在統一的指揮、統一的部署下，制定巡邏方案，各警種按劃分的巡邏區域，相互協同配合。聯合巡邏方式能夠克服諸警種各自為政、資訊不通、情況不明、管轄混亂的弊端，最大程度地發揮了各警種的優勢能力。

2.武裝巡邏方式

在武裝巡邏方式上，武警是實施義務役的警種，巡邏執勤人員並沒有警員身分證與持槍證，如果以便衣形式出現時，無法出示證件證明身分，容易肇生誤會與爭端，因此武警在絕大多數的情況下都是身著警服，以「公開」的方式進行武裝巡邏，這樣的公開武裝巡邏可對震攝犯罪分子，遏止與減少罪犯作案機會等產生一定的作用，等於是一種事前預防犯罪的功能。而公安機關其他警種則因證件齊全，可以著便衣行事，靈活運用跟蹤、盯梢等隱蔽手段，尋找、發現並追蹤目標，打擊犯罪。

而在聯合組網巡邏之後，武警部隊與公安機關之各警種在其法律限制的範圍內，須不得超越權限，確實做到分工明確、各司其職的本份；另外，又可在必要時相互進行權力的延伸與補充，結合著裝警員與便衣警員的優點，可謂是極佳的組合搭檔。

3.武裝性質軍事集團

對於實行社會主義的中國來說，警察與軍隊一樣是為無產階級人民服務的工具，「政治鎮壓」職能與「社會服務」職能是警察同時具備的雙重特質，然而由於警種差異，側重的面向就有所不同。公安機關的各警種有許多工作需運用刑事手段與行政法規來管理社會、服務大眾，側重「社會服務」職能；武警部隊是具有武裝性質的軍事集團，首先打擊的目標是所有具有敵對騷亂性質的破壞行為，側重「政治鎮壓」職能。因此武警與公安機關的合作可以使兩方都可以在無後顧之憂的情況下，完善地處理自身應負責的狀況與案件，解決社會矛盾與人民內部矛盾。

武警部隊與公安機關的其他警種在巡邏中各自行使的權力有一定的差異。做為中國共產黨的專政機器，公安機關具有「軍事、刑事、行政」三大基本權力。武警部隊的武裝巡邏則是公安機關賦予其在「維持社會秩序」方面的權力，他的主要任務是採用「軍事的手段」來加強對城市的黨政首腦機關及重要目標外圍區段的巡查警戒，以達到控制重點要害地區、預防並鎮壓一切敵對破壞行動發生的目標，而非著重在犯罪事件後續之調查與處理上。

（二）戰爭時期

在國際法的戰爭法規中，對於交戰者與平民必須加以區分，以分別享有戰爭法規定的權利與義務。在戰爭法中所謂的「合法的交戰者」包括了「武裝部隊」、「非正規軍」（民兵與志願部隊）、「起義居民」、「游擊隊」、「軍使」、「偵察兵與間諜」六種，其中最主要的即是「武裝部隊」。

「武裝部隊」亦即交戰國所謂的正規部隊，1977年日內瓦第一附件議定書對武裝部隊作了詳細闡釋：

（1）衝突一方的武裝部隊是由一個能為其部下的行為向該方負責的司令部統率下的有組織的武裝部隊、團體和單位組成，該武裝部隊應受內部紀律制度的約束，該制度除其他外，應強制遵守適用於武裝衝突的國際法規則。

（2）衝突一方的武裝部隊人員（除醫務人員和隨軍牧師外）是戰鬥員，換言之這類人員有權直接參加敵對行動。

（3）無論何時，衝突一方如果將「准軍事機構」或「武裝執法機構」併入其武裝部隊內，應通知衝突其他各方（第四十三條）。

（4）任何戰鬥員如果落於敵方權力下，均應成爲戰俘。

因此在戰爭法中並未排除一國將其警察部隊投入軍事戰鬥任務的可能性，而中共武警部隊作爲中國國家三大武裝力量之一，雖法律地位上以「武裝執法機構」的性質爲重，但無論在組織、紀律約束上都符合成爲合法交戰者的條件，因此中國在對外或對台可能的軍事攻擊上，武警都有完全的條件成爲第二線輔助的部隊，或甚至直接肩負起第一線的戰鬥任務。唯在進行第一線戰鬥任務前，中國依戰爭法規定需要，將其武警列入戰鬥序列的決定，通知交戰各方，方才符合日內瓦公約協定之規定。

依據1949年日內瓦四公約[2]，一旦進入戰爭狀態，無論是經過正式宣戰的戰爭或是任何型式的武裝衝突，戰爭法都立即

---

[2]《改善戰地武裝部隊傷病員待遇的日內瓦公約》（第一公約）
《改善海上武裝部隊傷病員及遇船難者待遇的日內瓦公約》（第二公約）
《關於戰俘待遇的日內瓦公約》（第三公約）
《關於戰時保護平民的日內瓦公約》（第四公約）

進入適用狀態，即使在交戰其中一方或甚至兩方都不承認存在戰爭狀態時亦適用，因此如果中共決定遂行對台攻擊作戰，不管其承認台灣爲一獨立國家或僅爲中共叛離的一省，戰爭法都立即適用。因此，倘中共欲逞征服台灣之野心，悍然以軍事行動挑起海峽戰事，絕對無法以「台灣爲中國領土的一部分」爲藉口而免除其在國際法上應付之責任，也必須依照戰爭法之規定來從事戰爭行爲。

二、武警執勤任務範圍與區分

1988年11月國務院、中央軍委頒佈《關於中國人民武裝警察部隊內衛執勤任務範圍的規定》，對武警執勤任務的範圍作了規定，主要有以下四種分類：（1）「按照任務的執行狀態劃分」；（2）「按照任務業務性質劃分」；（3）「按照任務執勤時限區分」；（4）「按照任務的責任地位劃分」。

（一）依任務執行狀態區分

按照任務的執行狀態劃分有：「正常執勤任務」與「非正常執勤任務」二種。「正常執勤任務」即一般常態性的執勤任務，如守衛重要黨政首長；守衛要害機關與要害部位；守護重要橋樑、隧道、國防敏感單位、場庫、基地等。這些任務的特點是持續不斷，一日二十四小時，一年三百六十五天進行的，因此必須有固定編制的武警單位負責這些勤務，而這些單位除非由輪調或由其他單位取代，否則兵力運用是遭到相當程度牽制的。

「非正常性執勤任務」係指臨時性、非常態性的執勤任務。此種任務往往是由上級指定在一定期間內，在一定地域內執行指派的勤務，任務完成後部隊即歸建回原單位駐地。比如2001年於上海舉行的APEC大會，即調動了大批武警部隊進入上海市區執勤，會後各自歸建原單位；而在美國攻擊阿富汗塔利班政權的行動中，中共亦調集許多武警部隊進入中阿邊境的喀什地區，嚴密監控中阿邊境，亦屬非正常性執勤任務。

（二）依任務業務性質區分

按照任務的業務性質劃分有：（1）「警衛工作執勤任務」；（2）「內部保衛性執勤任務」；（3）「治安管理性執勤工作」；（4）「強制性執勤任務」；與（5）「特殊性執勤任務」五類。

1.警衛工作執勤任務

警衛工作即對由中共確定的武警內衛執勤任務範圍內的目標與對象進行警衛或貼身保護的任務。警衛對象則是經由中共黨內和國家機關以規範性文件的形式規定的，並可能隨著各時期政經情勢的變動發展而有所調整。

「警衛」一詞指的是「警戒守衛」或「警戒保衛」，是所有武警勤務中所佔比例較大者，因此有人還特意將「警衛武警」劃分出爲一單獨的武警警種，然鑑於警衛工作爲內衛武警的執勤任務之一種，唯有執行重要警衛任務時歸屬公安部警衛局與中國共產黨中央辦公廳中央警衛局指揮，建制上仍屬內衛總隊，因此本文不將「警衛武警」獨立於內衛武警之外。

武警的「武裝警衛」任務擔負著中共黨中央和中共領導人、來訪的外國元首、政府首腦、中央與地方黨政首腦機關、重要會議、大型集會，以及外國駐中共使領館、聯合國駐中共機構等單位的武裝警衛任務，警衛勤務爲的是防範、打擊反革命和其他刑事犯罪分子的陰謀暗害和破壞活動，協助有關部門預防重大治安事故和自然災害的危害。廣義來講，是對被國家確定爲重要目標的對象，執行包括內衛執勤任務範圍內的所有方式的警戒守衛；狹義上來講，則是專指對被黨和國家批准或確定警戒界線以內的對象和目標的警戒守衛。以下將警衛工作分爲「固定」與「臨時」性的執勤任務兩種，並兼述武警崗哨執勤方式與警衛任務安全檢查方式，茲分述於后。

◎固定警衛執勤任務

武警部隊的警衛勤務特點爲具有武裝、軍事性質，與公安機關的警衛部門和保衛部門有著密切聯繫，如對中南海黨中央的安全保衛，就同時有公安警衛部門、總參中央警衛團、武警警衛部隊三股力量同時配合進行，公安警衛部門負責對首長個人的安全警衛工作，中央警衛團負責機關建築物與場地內部的安全保衛工作，武警警衛部隊則負責外圍武裝警戒守衛工作，由黨中央辦公廳中央警衛局統整全盤安全警衛計畫。

武警的警衛工作方針爲：「既要保證安全，又要方便領導同志聯繫群眾」。警衛工作的基本原則有：（1）在黨委領導下，實行專門工作與群眾相結合的原則；（2）確保重點的原則；（3）內緊外鬆的原則；（4）內外有別的原則；（5）保守機密的原則。

武警用兵原則需兼顧以下三點：「全面、重點、機動」，以做到「保證安全、節約用兵、照顧觀瞻、合理用兵」原則。「保證安全」乃保證執勤目標和執勤對象的安全；而在保證安全的前提下同時要「節約用兵」，因爲唯有節約用兵才能做到三者兼顧，否則會顧此失彼；而「照顧觀瞻」就是在部署兵力以保證安全的同時，還要考慮兵力的分佈要外觀自然，防止在群眾心理中造成畏懼、憤怒等不良影響；「合理用兵」則是既保證安全，又做到節約用兵，且有利觀瞻的三合一，這不僅僅表現在兵力部署數量上，還要表現在兵力的質量與任務品質上，做到骨幹枝葉、新舊和文化素質高低都能搭配良好的最佳狀況。

武警部隊現在所執行的固定警衛勤務可分爲以下幾種：

（1）住地警衛：指爲保衛黨和國家領導人住地和辦公地點，重要外賓住所和首腦機關的安全，由武警內衛部隊部署的武裝警衛勤務。

（2）現場警衛：是指在公安部門的統一部署下，爲保證警衛對象外出活動的安全，對有關地區、場所，由武警內衛部隊臨時佈置的武裝警衛勤務。

（3）路線警衛：是指警衛對象乘坐各種交通工具外出活動時在公安警衛部門的統一部署下，由武警內衛部隊擔任的對其所經路線佈置的武裝警衛勤務。

(4) 其他：天安門廣場警衛與外國使領館警衛。另外尙有專門針對政治敏感地區「天安門廣場」的守衛與駐北京「外國使領館區」進行常態長期性的武裝警衛任務。

◎臨時警衛執勤任務

臨時警衛執勤的特點與上文所提之臨時執勤任務範圍多有重疊，然執勤位置不是固定不變的，而是根據某種活動的需要決定，或是由所發生的社會情況所決定的；其執勤時限具有臨時性的性質，可分爲以下三種：

(1)「重要場所、路線警衛」，其範圍是：a.黨和國家領導人外出活動時的住地、現場；b.外國元首、政府領導人來訪時的住地、活動場所和重要行經路線；c.黨和國家召開重要會議時的代表住地、活動場所；d.直轄市、省會市和自治區首府重大節日的大型活動場所現場；e.國際性、中國性大型文藝、體育等活動現場。

(2)「途中活動」，其範圍是協助其他友軍用兵單位執行逮捕、押解、追捕、押運等任務。

(3)「特別情況」，範圍是協助處置突發性暴力事件、重大社會治安事件、特大社會治安災害事故。

◎武警崗哨執勤任務

武警在執行武裝警衛與守衛任務時多以崗哨警戒方式執行，並配合安全檢查工作，其執勤部署衛哨方法可分爲以下步驟：

（1）選定哨位：哨位選在便於全面監視，便於處置情況與發揮火力、便於機動的位置方向上。

（2）明確任務：選定哨位後，確定衛哨的具體任務範圍，即明確三區一線：「監視區、責任區、活動區、警戒線。」

（3）設置領班員（哨）：每班崗哨兵有五人以上者，設置一領班員（哨），規定領班員的巡查路線、停留位置，加強控制的重點，不爲歹徒所趁。

（4）確定哨兵形式：以數量分，有「單哨、複哨」；按服裝區分，有「武裝哨、徒手哨和便衣哨」；按哨兵執勤型態分，有「固定哨、遊動哨（巡邏哨）、瞭望哨、潛伏哨、制高點控制哨」等；按哨兵執勤時間分有：「日哨、夜哨、定時哨、臨時哨」等；另外還有禮儀性的「禮兵哨」。採用何種形式的崗哨則由上級指揮機關與用兵單位決定。

◎警衛安全檢查工作

警衛勤務亦包括警衛安全檢查工作，此任務乃爲檢查與清除對警衛目標構成的潛在威脅與隱患，以防止和避免警衛對象遭受突發性暴力行爲和非法行爲而採取的安全防範措施。檢查工作包括了靜態環境與動態環境的檢查，茲分述如下：

（1）靜態環境檢查：靜態環境檢查又分爲面上檢查與點上

檢查二種。「面上檢查」指的是對警衛目標活動的場所，包括建築物、地下通道、交通路線、江河湖泊、環境空間的檢查，凡屬此範圍之靜態目標（人、物、空間）都要經過嚴密的安全檢查；「點上檢查」則只對面上檢查可能有遺漏的死角或危險點進行的檢查，如道路下水道孔、行車路線經過之江河水面下是否有炸彈，警衛對象的食物是否有毒，信函包裹中是否有炸彈，空氣中有無毒菌、毒氣與放射性物質等。

（2）動態環境檢查：動態環境檢查意指對所有可能與警衛對象接觸的人進行嚴格的控制和安全檢查。對警衛目標周圍的社情、敵情進行廣泛的瞭解，掌握各地警衛工作情報，及時掌握可疑者與內部人員之動態，把可疑者、身分不明者列爲重點檢查對象。

2.內部保衛執勤任務

內部保衛執勤任務即武警部隊所進行的警衛、守衛、守護、押運、看押、巡邏等任務，詳述如下：

◎守衛、守護任務

守衛就是「防守保衛」的簡稱；守護則是「防守保護」。武警部隊的守衛守護任務指的是對國家確定的保衛對象與要害部位實施「武裝防守保衛」之意。而此處的要害部位指的是，對國家安危、國計民生與對全局的生產活動具有重大影響與作用的單位及地方。武警部隊執行守衛任務時，是以公開的武裝威懾和武力手段進行，以防止「外來」的一切侵害爲先，至於守衛對象內部發生的問題與矛盾則由其內部保衛組織自行處理。

守衛與守護在詞義上相近，然而指的是不一樣的範圍，守衛的目標針對「人」與「物」，如電視台或發電廠，既有設施（物）又有機構（人員）；守護的目標則專門針對「物」，如守護鐵路、橋樑、隧道等。守衛守護屬於固定執勤任務範圍，具有常態延續性。

武警內衛部隊最常見的警衛任務就是駐地的黨政機關、機場、車站、電視台與廣播電台、重要工廠、倉庫、車間的武裝守衛。

而對於鐵路沿線隧道、橋樑的安全也是由各地武警內衛部隊分區負責，守護的重點通常為：橋樑兩側各100公尺，橋樑、隧道兩端各50公尺範圍內。

◎押運任務

武裝押運則是武警另一項任務，是指對重要物資如國防尖端產品、國家機密資料與貨幣、珍稀礦產等物品在運輸過程中的「武裝隨同護送」。押運任務屬於內衛部隊的臨時執勤任務範圍，主要是針對勞改人犯的押解，和重要軍事物資、航空航太裝備、貨幣與貴重金屬之武裝押運等。

以任務特性而言，守衛、守護與押運勤務的任務皆為「防範、制止反革命和其他刑事破壞；協助目標單位預防治安災害事故，維護內部和警戒區域的安全。」保衛工作的指導方針則是「以防為主，確保重點，打擊敵人，保障安全」。

◎看押勤務

在大陸各地皆有監獄與勞改場所，武警的武裝看押任務是由武警內衛部隊的各駐地部隊就近負責各地監獄、看守所與勞改場所的外圍武裝看守任務，監視犯人行動。

「武裝看押」並非獄政管理，監獄與勞教機關依照國家法律擁有自己的「監獄警察」與「勞動教養管教警察」，負責對罪犯實施懲罰與改造的行政管理工作，武警實施武裝看押任務時乃單純實施警衛與看守，是不可介入獄政管理行政工作的。

上述所謂的「監獄警察」，是由司法部的「監獄工作管理局」指揮，負責指導獄政管理工作和對罪犯改造工作的人民警察。各省、自治區、直轄市根據需要設置監獄。監獄是國家的刑罰執行機關，根據實際需要設置監獄警察，依法管理監獄、執行刑罰，對罪犯進行教育改造。

「勞動教養管教警察」，受司法部的「勞動教養管理局」指揮，負責指導勞動教養場所建設管理工作和對被勞動教養人員的教育改造工作；各省、自治區、直轄市和大中城市根據需要設置勞動教養場所，負責組織、實施對被勞動教養人員的管理、教育和改造工作，內設相應的勞動教養管教警察，依法管理勞教場所，執行對勞改犯的收容、管理、教育改造、勞動生產、生活衛生、考核獎懲等工作，審查、批准提前解除勞動教養、延長或減少勞動教養期限等事項。

3.治安管理性執勤任務

武警的治安管理任務，乃配合公安機關、檢查機關與法院，進行社會秩序、治安維護的工作，是處於「協助」立場而進行的工作，其本身尚未具有足夠的法律基礎來獨立執行治安管理工作（詳見本節「武警法律地位」段落所述）。

4.強制性執勤任務

武警具有警察身分，因此根據中共《刑法》、《懲治反革命條例》、《中華人民共和國逮捕拘留條例》和《刑事訴訟法》等主要法律和公安保衛工作相關的各項法規，具有國家賦予的權力來使用必要手段阻止犯罪行爲，並使用包括武力的手段打擊進行中的犯罪行爲，對犯罪分子進行逮捕、拘留、押解、初步偵訊等行爲。

5.特殊性執勤任務

武警部隊以其不同警種具有的任務多樣性，執行多種特殊性任務，比如由特種武警執行的反劫持、反恐怖行動，邊防武警進行邊防檢查、黃金武警進行地質探勘、森林武警進行打擊盜獵與盜伐等都屬於此一範疇。

（三）依任務執勤時限區分

按照任務執勤時限區分有：（1）「固定執勤任務」；與（2）「臨時執勤任務」兩類，茲分述於后。

1.固定執勤任務

執勤目標是針對重要的單位，執勤位置固定，時間具有持久性，而依據目標單位的性質，又可分爲以下四種類型：

◎省級以上黨政機關、領導人與重要外賓住所

「主要是省級以上的黨政機關和領導人及重要外賓的住地」範圍有：（1）國家領導人住地；（2）北京釣魚台國賓館；（3）中國人大常委會、中國政協委員會、最高人民法院、最高人民檢查院、外交部、公安部、國家安全部與省、自治區、直轄市黨委、人大常委會與各級人民政府機關；（4）北京天安門廣場與外國駐華使（領）館。

◎重要企、事業單位

「重要的企業、事業單位」範圍有：（1）中央人民廣播電台、中央電視台；省、自治區、直轄市人民廣播電台、電視台；（2）中國人民銀行貨幣發行庫，省、自治區、直轄市人民銀行貨幣發行庫，印鈔廠、造幣廠生產成品車間；（3）黨中央、國務院直屬的絕密檔案庫；（4）國際機場；省市和直轄市首府的民航機場、航空航太工業部的重點試飛機場；（5）能源部所屬核燃料生產廠、儲備庫、核電廠、100萬千瓦以上的火（水）力發電廠，50萬伏特以上的變電站；（6）航空航太工業部所屬國防尖端武器生產的總裝車間、儲備庫；（7）中國船舶工業總公司所屬核潛艇生產總裝廠；（8）新華社電台、國家安全部電台、郵電部中國性的重要通訊樞紐；（9）物資部所屬的稀貴金屬儲備庫，3萬噸以上的油料儲備庫，1萬噸以上的火、炸藥儲備庫；（10）鐵路主要幹線重要位置上700公尺以上的橋樑、3,000公尺以上的隧道。上述前九項不設

大門哨和外圍哨，主要是警衛核心要害部位。

◎監管在押犯人場所

「監管在押犯人的場所」範圍是：國家監獄；省、自治區、直轄市直屬監獄；勞改場所的關押點（勞改犯500名以上）和省、地、縣看守所的外圍警戒。

◎城市

「城市」範圍是：大城市、省會市、自治區首府和沿海開放城市的武裝巡邏。方式有徒步巡邏、騎自行車巡邏、乘摩托車巡邏、汽車巡邏、乘船（艇）巡邏等。

2.臨時執勤任務

臨時執勤的特點爲執勤對象是「場所」或某種「活動、情況」；執勤位置不是固定不變的，是根據某種活動的需要決定，或是由所發生的社會情況所決定的；其執勤時限具有「臨時性」，根據活動與情況的性質，又可分爲以下三種：

◎重要場所、路線

「重要場所、路線」其範圍是：（1）黨和國家領導人外出活動時的住地、現場；（2）外國元首、政府領導人來訪時的住地、活動場所和重要行經路線；（3）黨和國家召開重要會議時的代表住地、活動場所；（4）直轄市、省會市和自治區首府重大節日的大型活動場所現場；（5）國際性、中國性大型文藝、體育等活動現場。

◎途中活動

「途中活動」其範圍是，協助用兵單位執行逮捕、押解、追捕、押運等任務。

◎特殊狀況

「特別情況」範圍是，協助處置突發性暴力事件、重大社會治安事件、特大社會治安災害事故等。

舉例來說，1997年中國西北發生特大雪災，西藏高原發生數十年來最大的雪災，大批高原牧民面臨斷炊斷糧，牲畜紛紛凍死或餓死，武警西藏總隊立即組織兵力運送救災物資到西藏各地，共以3,000多人次，車輛200多輛次，運送了近百萬元的糧食、燃料、衣物、藥品等前往藏北災區。同年，新疆阿勒泰地區亦發生特大雪災；喀什地區伽師縣亦於1月21日時，發生6.4級地震，震災嚴重，武警新疆總隊亦出動部隊進行救災搶險工作，這些都是武警部隊臨時執勤任務的範圍。

（四）依任務責任地位區分

按照任務的責任地位劃分有，「自負性執勤任務」與「協助性執勤任務」兩種。自負性執勤任務即以上所述的「警衛、守衛、守護、押運、看押」等任務，爲武警單獨可完成者（內容詳如前文）。

協助性的執勤任務則是，武警處於協助其他用兵單位遂行任務的地位。基於國家法律，武警部隊在維持社會治安上的刑事權力遠少於一般公安機關，許多平日武警內衛部隊執行的勤務都是處於「協助」公安機關的立場上來行事，這點值得我們特別注意。以下就「逮捕、押解、追捕」等勤務來分析武警在「協助」公安事務上的權責範圍。

1.逮捕

「逮捕」一詞是指防止犯人拒捕、行兇與逃跑，追捕對象是「犯罪分子」，就業務性質來講是屬於「刑事強制執行」，對於打擊犯罪、維護社會治安、保護人民生命財產安全具有重大意義。然而由於「逮捕」行爲是依法限制人犯人身自由並予以羈押的一種強制措施，根據《刑事訴訟法》和《預審工作規則》規定，逮捕人犯是由「公安預審部門」執行。因此，武警從事逮捕行動時，是基於協助公安預審部門執行逮捕任務的立場而進行的。

2.押解

「押解」是指依法將犯罪分子由某一場所押送到另一場所。押解大概可分爲三種情形：（1）對未決犯的押送，屬於刑事強制措施；（2）將罪犯由一勞教場所押送到另一勞教場所，這種情形本屬監獄警察與勞教警察的行政事務，然由武警部隊代爲執行；（3）把判處死、緩、無期徒刑、有期徒刑的罪犯，送往勞改場所執行刑罰和勞動改造，是屬於刑事訴訟過程交付執行的範疇，應由接受人民法院執行通知書、判決書的看守所派出司法警察將人犯押送到勞改場所，但實際上亦已由武警部隊代爲執行。

3.追捕

「追捕」則是由武警內衛部隊協助公安預審部門，依法對逃犯進行追蹤捕捉。而追捕行動又因逃犯種類的不同可分為兩種：（1）捕殲戰鬥：對持槍逃犯的追捕，是一種特殊性質的戰鬥；（2）一般追捕：對無武裝的逃犯進行的追捕任務。

對逃犯的追捕責任又可分兩種：一種是犯人由勞改場所逃跑，由勞改機關負責追捕，公安機關協助；另一種是犯人從看守所逃跑，追捕責任在公安預審和刑偵部門。兩種追捕行動皆可由武警部隊「協助執行」，然而最終之處理仍需交由各業管單位處理。

4.配合公安機關進行「嚴打」

「一手抓改革開放，一手抓打擊各種犯罪活動」是鄧小平在1992年春，南巡講話中提出的一個口號。所謂「嚴打」就是「嚴厲打擊各種刑事犯罪活動，依法從重、從快懲處嚴重危害社會治安的刑事犯罪分子。」藉以保護人民安居樂業的權益、保證政治安定與黨的威信。為解決大陸嚴重的社會治安問題，中國秉持「綜合治理方針」進行治安管理、防範犯罪與進行基層建設，而以「嚴打」為綜合治理之基礎。藉由組織一定區域與至中國範圍的「嚴打」，集中人力、物力、財力，集中時間，統一部署、統一指揮、統一行動，造成中國強大的聲勢，全力圍殲特定的犯罪分子與犯罪集團。

自改革開放以來，大陸的社會治安即不斷惡化，到了嚴重威脅中國共產黨統治基礎的程度時，中國就會發起「嚴打」行動，大規模地整頓一番，時至今日已進行過三次嚴打行動，武警部隊就是協助公安機關進行嚴打的主力。

1982年，中國公安部門奉鄧小平指示開展第一波「嚴打」，4月13日黨中央與國務院做出了「關於打擊經濟領域中嚴重犯罪活動的決定」，指出改革開放以來犯罪分子大量增加，犯罪事件日益嚴重，許多幹部與犯罪分子勾結進行嚴重破壞經濟的犯罪行爲，問題比1952年「三反（反貪污、反浪費、反官僚主義）運動」時還嚴重，爲了保衛國家與人民利益，中國集中公安與警察力量，進行了一次大規模的掃蕩與嚴打，犯罪案件數量由1982年的783,000起，跌至1983年的610,000起，1984年更降至510,000起，可見嚴打的確發揮某種程度的效果。然而，根據西方觀察家估計，第一波約有10,000人被判處死刑。

第二波嚴打於1996年展開。進入九〇年代後，中國新舊體制轉型步伐加快，社會矛盾與社會問題大量出現，嚴重的貧富不均更造成刑事暴力犯罪案件大量增加，嚴重危害人民的安全，也對社會秩序造成很大的衝擊。兇殺案件增加、持械搶劫銀行金庫等中國認爲在資本主義社會中才會出現的案件也大量出現，爆炸、擄人勒贖、拐賣婦女兒童、貪污受賄、組織犯罪、賣淫賭博毒品等所有惡性犯罪行爲紛紛出籠，於是中共當局不得不在1996年進行第二波「嚴打」，務求在1997年香港回歸前將中國國內整頓一番，好給「回歸」的香港同胞一個好印象。

二十一世紀初期，大陸治安情況再度敗壞。2001年4月，由中國國家主席江澤民宣佈開始第三波「嚴打」。據報載曾有某地方在一天內處死191人，至9月止已有3,000人遭處決，估計2001年全年將有5,000人以上，甚至有專家估計將達10,000人以上被處決，其中可能包含爲數眾多的「冤、錯、假」案。此波嚴打將持續至2003年，而此種不定期嚴打，大量執行死刑的方式，在大陸上倒是受到民眾一致肯定，根據1995年一項針對2,661人的調查結果顯示，只有不到1%的民眾支援廢除死刑，90%以上的民眾主張加重刑罰。但同時嚴打也成爲中國當局用來掃蕩少數民族地區分離主義者的一個藉口。

三、武警執勤情況的處置

武警官兵在執勤時需依照「法定分工處理」原則處置突發狀況，即維護與尊重各執法機關的職權，遇到事件，該由哪個機關處理即交由其處理，武警有權處理的才自己處理，不超越法定的職權範圍。

武警執勤過程中可能遭遇到的狀況可約略分爲以下幾項，處置方法也各有不同。

（一）合法行為

合法的遊行示威、群眾正當的「上訪」、犯人親友符合規定的探監等行爲。執勤的武警不予干預，並在可能情況下給予幫助、指引。

（二）違反公德的行為

非違法行爲，如口出穢言、在公眾場合作不雅動作、見危不救等。執勤的武警可不予理睬或予以適當指正。

（三）違反有關規定的行為

雖違反規定，但並非違法的行爲，如手續不符規定硬闖警戒區域、無理取鬧、上訪人員闖入警戒線要求領導人或機關解決問題等。執勤武警可給予糾正制止，不聽勸告或無理取鬧者，交由目標單位的內部保衛組織處理。

（四）一般違法行為

一般違法行爲通常指違反中國《治安管理處罰條例》的行爲。執勤武警給予制止，對情節輕微或主動認錯者，給予勸告說服即可；對於情節重大者，將違法者交由公安機關（公安派出所）或目標單位保衛組織處理。

（五）犯罪行為

犯罪行爲意指在武警値勤任務範圍內所遇到的犯罪行爲，可概分爲以下兩種：一、符合《刑事訴訟法》第四十二條規定的公民可扭送的四種人犯：（1）正在實行犯罪或者犯罪後即時被發覺者；（2）通緝在案者；（3）越獄在逃者；（4）正在被追捕者；二、指《關於人民警察執行職務中實行正當防衛的具體規定》和《人民警察使用武器和警械的規定》所列舉的必須採取正當防衛行爲情形中的犯罪行爲。武警需逮捕犯罪分子，交由管轄的公安機關處理，對正在進行的犯罪行爲，武警官兵必要時得按照《人民警察執行勤務中實行正當防衛的具體規定》使用警械實行正當防衛。

（六）帶有群衆性的違法行為

具群眾性的違法行爲係指群眾性的違反《治安管理法規》行爲，或違法犯罪分子混於群眾之中進行煽動、破壞。執勤武警遇到此類事件時，總的大原則是力求「冷處理」，實行「可散不可聚，可解不可結，可順不可激」的對策，不輕易採取訓人、拉人、扣車的做法，注意掌握動向，迅速報告公安機關有關部門與上級領導，對於混於群眾中的違法犯罪分子，及聚眾劫獄、衝擊並危害特別重要目標核心要害部位的犯罪分子，採取「強制」措施，打擊「爲首者」是處理此類事件的要旨所在，所有行動要在當地或用兵單位的黨委、行政和公安部門統一指揮下行動。

（七）治安災害事故

治安災害事故意指機關、團體、企業、事業內部的職工在生產活動中，由於過失行爲，違反《治安管理法規》與安全保衛規章制度，造成人身傷亡或重大經濟損失的事故，如過失引起的火災、爆炸、車船翻覆、墜機等。武警部隊應迅速採取措施，投入救災，設法減少損失，報告有關方面，並協助處理現場治安秩序，保護現場。

(八)涉外問題

涉外問題主要是指外國人之犯罪行爲，或做出有損中國尊嚴與利益的事。武警處理此類事件的要求是嚴格遵守政策與法律關於涉外問題的規定，維護國家、民族的尊嚴與榮譽，即時向上級或公安機關報告，將違法犯罪的外國人，扭送公安機關處理。

武警執勤面廣線長，遇到的狀況具多樣性，都必須靠第一線執勤的武警官士兵臨機應變，及時處置，因此武警已把「處置突發事件」(即處突)列爲部隊訓練與院校教研的優先項目，以使官兵具備即時處突的能力。

肆、教育訓練

一、部隊訓練

(一)新兵訓練

武警部隊採行義務兵役制，因此每年冬季都要迎接一批新兵入伍，而新兵訓練就是讓這些新兵從內到外「由民轉兵」的一個重要過程。武警總部司令部、政治部、後勤部於2000年底聯合下發了《2001年度新兵教育訓練指示》，指出新兵教育訓練必須適應新形勢，絕對遵守《新兵軍事訓練大綱》和2000年修訂的《入伍訓練綱目》中之規定，加強領導，嚴密組織，打牢新兵的政治思想、軍事技術、作風紀律、身體素質，實現由普通社會青年到武警士兵的轉變，爲肩負起武警執勤任務與處突任務奠定基礎。

而在重點的政治教育方面，要緊緊圍繞「永遠作黨和人民的忠誠衛士」的主題爲中心思想，使新兵認識武警部隊的性質與職能，增強「忠誠衛士」的榮譽心與責任感；在軍事訓練方面，注重基礎知識、基本理論的學習，基本技能、基礎體能的鍛鍊。新訓幹部要遵循訓練規律，以科學方法正規施訓，保持新訓質量，文明帶兵，以情帶兵，嚴禁打罵體罰或侵犯新兵士兵利益的情事，並嚴防各類事故的發生。

在教學保障方面，則要創造良好的訓練環境，包括合理選定部隊位置、建立配套的訓練設施，建立「四室」（教室、資料室、教員室、閱覽室）、「兩庫」（武器庫、器材庫）、「七場」（隊列場、障礙場、器械場、戰術場、射擊場、投彈場、專業訓練場）與良好的生活條件（有辦公室、教學區、生活區）。

（二）部隊輪訓

武警總部爲加強武警部隊的軍事訓練，依據部隊需要而制定了《武警訓練大綱》，強調「以馬列主義爲指導思想，以國家政策法令爲工作方針」，對武警部隊的幹部與士兵實施各種軍事訓練。目前武警部隊訓練方式採取新兵、老兵分別編訓或混編分訓實施，各級軍事訓練工作由「支隊輪訓隊」擔任，對不同年度的士兵實施輪流集訓。

支隊輪訓在分訓層次上採取每年三期制，三年一個訓練週期，即第一期訓練新兵，第二期訓練二年士兵，第三期訓練三年以上的士兵，每期三個月，實施六十個訓練日，每個士兵一個週期訓練一百八十天，須完成全部訓練課程。除受訓人員外，各中隊平時須保持三分之二的士兵，擔任執勤任務。而每個輪訓隊乃挑選經過部隊院校教育訓練的優秀幹部擔任，以提高教學骨幹隊伍的素質。

在訓練內容上，武警部隊平時軍事訓練包括技術、戰術和執勤業務訓練。「技術訓練」著重射擊與擒敵，目的在增強學員身體素質與接受超負荷訓練的耐力；「戰術訓練」著重班以下的捕殲戰術；執勤業務訓練著重進行法律知識教育和內務條令學習。

體能戰技與擒敵技術十分受到武警部隊的重視，如「武警擒敵拳」即包含有「匕首格鬥術、分筋錯骨技、板凳打鬥術、武裝腰帶術、武警短棍術、雨傘打擊術、持刀術、擒拿格鬥術、擒拿搏擊基本功、點穴術」等各種空手或利用手邊能取得之各類用具，以對拒捕反抗之犯罪分子實行制服逮捕之近身戰鬥技巧。近年來在各省所設之武警指揮學校中，也開始集中訓練單槓、雙槓、木馬、刺殺操等基本戰技教練員，以統一全軍戰技動作、熟悉標準、掌握方法，等到這些教練員下到基層部隊之後，可以有效提高部隊訓練的品質。另外，每年武警總部亦舉辦武警部隊全軍「散打」比賽，由各總隊與機動部隊派出選手隊伍進行競賽，各隊為爭取團體榮譽莫不戮力以赴，而總隊亦可由競賽優勝者中選取底子好者，選拔入總部「體工隊」，加強訓練，在大陸國內或國外的散打比賽中爲武警部隊爭取榮譽。

另外，武警部隊爲了處理突發事件，強化應急訓練，亦對士兵進行特種防暴訓練，諸如「以快制快訓練」、「以武制暴訓練」、「以活制變訓練」等，各省武警亦針對其實際狀況需要而進行各類型的特種訓練，如江蘇總隊之棍盾攻防術、綑綁、架離、分隔及阻攔人群等；河南總隊之攀降、障礙超越、摩托車駕駛；浙江總隊之反劫持、反暴力、反破壞；江西總隊之汛期應急訓練，包括無碼頭拋錨、強行靠岸登陸、水上救人、夜航、燈光聯絡等；福建總隊則有消防、反劫機等各種訓練。

（三）法律訓練與法制教育

除了學習黨的政策之外，武警部隊對於執勤時適用的國家法律條文也必須熟習，比如說《中華人民共和國憲法》、《刑法》、《懲治反革命條例》、《管制反革命分子暫行辦法》、《中華人民共和國逮捕居留條例》和《刑事訴訟法》等主要法律和公安保衛工作相關的各項法規，要徹底搞清楚犯罪的定義與範圍何在，以做爲執勤及打擊犯罪時的依據。

另外，依據不同勤務的要求，學習與掌握有關的政策和法律知識，如內衛部隊應熟悉《中國人民武裝警察部隊內衛勤務規定》；執行勞改看押任務的部隊，必須學習國家《勞動改造條例》、《勞動教養問題的決定》等有關法規；執行城市武裝巡邏任務者要懂得《社會治安管理處罰條例》；邊防部隊保衛邊疆，必須熟悉《邊防檢查條例》、《中華人民共和國外國人出入境管理法》、《中華人民共和國公民入境出境管理法》，處理涉外事件時要懂得《國際法》和《涉外人員守則》；負責警衛任務時必須瞭解《警衛工作細則》等等，法律就是部隊手中的另一項武器。

在法制教育方面，武警部隊近期開展「懲治軍人違反職責及危害國家利益罪」的教育，增強武警官兵政治紀律觀念，認清國內外情勢，加強軍事鬥爭中保衛工作的準備，並強化對防範戰時及處突任務中會遇到之違法犯罪情況之研究，研擬各種備案。另外，重點做好機動部隊及沿海地區部隊「四反」教育，即做好「反滲透、反心戰、反策反、反竊密」的「四反」教育，並做好部隊的集中教育。對幹部則要加強軍事衝突與處突任務中政策法規教育，務使幹部對實戰下之工作指導思想、方針原則、主要任務、工作程式、實施步驟、戰場紀律、組織指揮、處突辦法等，都能熟悉應用。

（四）心理訓練

在執勤實踐中，許多問題的發生不但有執勤人員的政治素質、業務素質原因，也有許多對人的行爲有很大影響的心理素質問題。在執勤過程中，許多稚嫩的武警士兵由於自身素質問題，感知能力下降，思維紊亂，應變力弱，生理變化反常等，而使戰術水平不能正常發揮的例子屢見不鮮。因此，做好武警心理訓練的工作也是一項十分重要的課題。

武警心理訓練包括吸收並利用普通心理學、教育心理學等方面的理論，著重解決以下問題：

(1) 訓練目標確定：明確武警幹部士兵應具備的心理素質，包括克服妨礙執勤人員的心理障礙等。
(2) 心理訓練的方法、步驟、要素、標準。
(3) 心理訓練、技術訓練、戰術訓練、執勤任務的相互關係與綜合訓練的方法。
(4) 解決當前妨礙執勤任務完成的心理障礙所應採取的方法與手段。

此外，武警部隊已普遍建立「官兵心理健康檔案」，運用心理學，增強預防犯罪工作，對異於常人之士官兵加強事前之處理與輔導列管。

(五) 機動部隊訓練

內衛武警的機動部隊不同於武警機動師，而是自1996年以來，中央軍委爲了提高武警部隊應付突發事件與各種暴力恐怖事件的快速反應能力，下令由各級內衛武警大單位組建一支武器裝備較先進、通信器材較良好、機動車輛較多的直屬部隊，亦稱「機動隊」。現在各武警總隊皆有一支指定的機動支隊，各支隊有指定的機動中隊，各中隊有指定的機動分隊。這種機動隊集武警部隊各種特殊性於一身，武器裝備較優良，機動部署能力強，是武警實施「特殊戰鬥」的骨幹力量，因此必須接受特殊的訓練。

武警各總隊根據武警總部有關指示，以《軍事訓練條例》和《機動分隊軍事業務訓練綱目》爲依據，著眼任務與外在形勢，進行所屬機動部隊的建設與加強訓練工作。在受訓對象上，根據兵員成分、訓練基礎、身體素質和任務需要等，將分隊成員分爲新兵、老兵、特警班和幹部四個訓練層次，新兵側重於體能和基礎科目的訓練；老兵側重技術、戰術、執勤業務課目的應用訓練和處置突發事件戰術的模擬訓練；特警班在完成老兵訓練課目的基礎上，強化拳擊、應用擒敵、樓房攀登以及反暴防暴等特種訓練，同時擔任部分應用課目的教學示範；幹部則側重組織指揮訓練，熟悉和掌握組織訓練方法、指揮程式等。這種分層組訓的方式，充分達到因材施教的功效。

除了對射擊、拳術、駕駛、隊列進行強化、深化訓練外，機動隊員還應接受攀登、急救、機降、傘降、沿溜索滑降、心理訓練等；在南方應學游泳，在北方應學滑雪；擔任有防爆、反恐怖任務的機動分隊還應有機型、車型、樓型介紹，有偵毒、探雷、搜爆、排爆訓練等。但由於人力、物力、精力有限，要人人精通所有技術是不可能的，於是亦可將各專業落實到特定的排或班，使每個分隊中只要有一定數量的班或小組能熟練掌握某項技術，在實戰中可發揮所長即可。

在武警機動中隊（連）的軍事業務訓練方面，江蘇總隊副總隊長徐兆杜表示，機動中隊的訓練除抓好共同科目以外，還應著重以下四個方面的訓練：

1.基礎基本功訓練

基礎基本功訓練有下列四項要點：

（1）重點突出「快」字。例如，任務命令下達速度要快、指揮員決策要快、部隊出動要快。

（2）突出「准」字。加強射擊技能訓練，不僅要具備基礎射擊能力，還要多作應用射擊訓練，如射擊運動中目標、運動射擊等，以符合實戰需求。

（3）突出「硬」字。加強徒手搏鬥、就便器材擒敵訓練。

（4）突出「幹部、骨幹」。加強幹部處突指揮能力，從敵情、我情和整個戰情變化掌握到兵力調遣，要鉅細靡遺地做好各個面向的認識。

2.依法執勤訓練

槍械與法律是武警士兵手中的兩個武器，而在某些方面法律比槍械更爲有力。因此機動中隊必須修好法律課程，學習好總部統一下發之《法律基本知識》、《法規選編》、《逮捕拘留條例》、《治安管理處罰條例》、《人民警察使用武器與警械的規定》等，熟悉執法相關法令條文，學會運用法律武器與犯罪分子作鬥爭，提高依法執勤的能力。

3.一兵多能訓練

立足現有設備開展一兵多能訓練、採取分班輪換與考核升級等方式，使幹部與士兵能同時使用各型槍械與執法武器，提高士兵獨力作戰能力，應付追捕、設伏、堵卡、捕殲等狀況。

4.綜合應用訓練

在訓練時即以實戰需要作要求，進行各項實作訓練與測驗，提高指戰員與士兵靈活應變的能力。綜合訓練兩重點為：（1）城市武裝巡邏；（2）城市捕殲戰鬥對抗訓練。前者巡邏中可能遇見的狀況比較複雜，有時需槍械與法律並用，有時則僅能使用法律說服，不能使用槍械壓服；後者城市捕殲戰鬥訓練則置重點於平日單兵訓練的總和，也是武警、公安諸警種的協同作戰，訓練中進行快速開進、途中合擊、設卡、圍殲等訓練，鍛鍊反應與應用性。

由於武警機動部隊主要處理轄區內「處突」任務，尤以人民內部矛盾引起之群體性鬧事為首要想定目標。因此，近幾年各機動部隊大量進行各種實兵處突演習，檢驗部隊各級指揮官與部隊之實戰能力，在各種演習中，領導的高級警官開始以電腦設備進行模擬、擬製各種處突計畫與決心圖，進行綜合戰場訊息處理等演練；部隊演練科目則包括應急分隊快速追捕罪犯集團、封控騷亂地區、驅散人群、打擊犯罪與抗反鎮守威懾等。進行此類任務時常會動用包括高壓噴水車、特種通訊車、防暴車、鐵絲網、防暴彈等鎮暴裝備，也是部隊熟悉這些警用鎮暴裝備的一個練習機會。

（六）軍地兩用人才訓練

「軍地兩用人才」是鄧小平於1977年12月於中央軍委全體

會議上提出的概念，指的是軍隊中的官士兵既學現代化戰爭知識，又學現代科學知識和生產知識，還要學做政治工作與管理工作，要大力培養既能打仗，又會搞社會主義建設的軍地兩用人才，使幹部與士兵都能學到軍隊與地方建設都需要的多種知識與才能。培養軍地兩用人才的原則則是，將其納入教育訓練計畫，實行軍事訓練、政治教育、科學文化教育、民用技術訓練一體化；實事求是，在完成軍政訓練的基礎下，士兵可學會一兩項民用技術，幹部要學習並掌握一些經濟建設知識，適應軍地需要，實行定向培養。

對多武警士兵，尤其是來自貧困農村地區的農民子弟來講，加入軍隊代表著一個翻身的機會，可以自極度貧困、翻身不易的農村地區解放出來，他們渴望在軍隊中習得知識與技術，提高文化水平，然後看看有沒有機會在退伍後以之作爲賺錢發家的基礎。因此在部隊中學習駕駛技術、學習烹飪、學習電子、機械、土工、木工，甚至電腦使用等技術，都是武警士兵夢寐以求的學習機會。而自軍中退伍的士兵在各地方也因爲服從性高、態度積極、好管理，因此成爲企業與工廠競相爭聘的對象。

武警部隊與大陸其他單位一樣，自1994年起依照《國務院關於職工工作時間的規定》實行週休二日制，除了進行娛樂文康與思想工作外，利用時間進行培養軍地兩用人才的教育也越來越受到部隊重視，許多單位利用假日開辦第二課堂，辦文化補習班、專業技術培訓班和高科技之類講座等，並鼓勵官兵積極參加成人高等教育自學考試和各類函授教育。

二、幹部訓練

爲培養勝任本職工作的武警合格指揮員，武警部隊採取措施，抓緊基層幹部的在職訓練，持續不斷地提高基層幹部的軍事素質和組織指揮能力，主要作法有：

（一）新時代之科技練兵：吸收教育層級高的幹部

中國爲因應資訊作戰發展之需要，在1997年提出軍事發展之雙軌策略：一是政治上強調「兩個武裝」，亦即「用正確的思想理論、用現代科技，特別是高科技知識武裝官兵的要求，一個是建軍成本，一個是強軍之舉」；二是軍事上強調「兩個根本性戰略轉變」，這兩個根本性戰略轉變如後：

1.在軍事鬥爭上

軍事鬥爭的準備上，由應付一般條件下局部戰爭向打贏現代條件下局部戰轉變。

2.在軍隊建設上

在軍隊建設上，由數量規模型、質量效能、人力密集型，向科技密集型轉變。

3.在未來戰場上

在未來戰場上，質的差異很難再以傳統上量的優勢來彌補，中共軍事戰略因此轉而走向「科技強軍、科技練兵、質量建軍」之訴求，共軍也捨棄傳統上「早打、大打、打核子戰爭」的戰略，而致力於「打贏高技術條件下局部戰爭」之準備，以跟上世界軍事發展的腳步。

所謂「高技術條件下的局部戰爭」即是以新、高科技爲基礎的資訊化戰爭，中共認爲新軍事革命的基本目標是「實現戰爭的訊息化」，因爲未來戰爭很可能是敵對雙方的訊息對抗。因此，很明顯地，中共建軍思想已改成以建立訊息化國防武力爲目標，近年針對軍事理論研究（超限戰、點穴戰等）與國防基礎建設（光纖傳輸網路、衛星通信、自動化指管系統等）與資訊戰模擬演訓，都是這種新思想的具體實現。

4.在培養訊息戰人才上

而在培養訊息戰人才方面，共軍不遺餘力地展開培訓。包括北京、清華、廈門大學等幾所知名大學，已在2001年開始招收所謂的「國防定向生」，這是解放軍藉由與地方院校合作而培育高素質複合型軍事人才的方面。而所謂的「國防定向生」著重在電子資訊、物理與電腦自動化等方面，平日與其他同學所學相同，然畢業後需進入軍隊服務，類似美國的大學預備軍官訓練團（ROTC），如此一來，部隊既可藉此吸收民間科研的成果，也可改變軍官隊伍的知識結構，並有利於建構平戰結合、軍民兼容的國防模式。

而在一般領導幹部方面也是一樣，在「九五」期間的院校改革上，中國確立了改革軍事院校、專業人才逐步實現部分或全部由地方院校培訓、擴大吸收地方院校大學畢業生爲幹部的範圍、試行建立「大學預備軍官」制度等新作法，依託地方高校培養軍官的作法已全面展開，各軍區都與地方大學合作，每年吸收大量的大學畢業生進入軍中幹部隊伍，對提升解放軍與武警部隊的幹部素質有很大的助益。

部隊在接受這群文化知識水平高、吸收力強、研究能量高的高等人才後，對於部隊整體水平有即時提高之效果，而隨著科技更新速度日快，這群接受過高等教育、活力強的幹部對於改善部隊與社會觀念的落差也有很大的幫助。

（二）加強在職訓練

在職訓練同樣是中國武警持續提升其幹部隊伍水準的重要方法，可分爲以下幾種型態：

1.抓好自學自訓

依據武警部隊《警官在職軍事業務訓練綱目》規定，及各總隊下發之《基層幹部在職訓練計畫》，皆對基層幹部在職訓練做出要求，強調基層幹部需認眞學習條令、條例、綱目和各科目基礎知識，加強技術、戰術的動作與教學法訓練。充分發揮支隊黨委、中隊黨支部抓幹部訓練的作用，層層進行思想發動，深入開展評比競賽活動，不留情地進行檢查指導、考核評比，以促進幹部在職訓練之成效。

2.統一組織考核

落實《基層幹部在職訓練計畫》，進行考核，表彰先進幹部與單位，而對後進單位也擬定處罰辦法，以督促幹部保持積極態度。

3.總隊分期短訓

以總隊爲單位，調派各級基層幹部採輪訓方式進行組織短期集訓，以全面提高幹部軍事素質。

（三）代職訓練

「代職訓練」是武警部隊對機關幹部的一種訓練方式，將機關參謀調往實兵部隊一段時期，深入基層學習部隊，一方面向部隊學習帶兵技巧，一方面向基層部隊幹部傳授諸如電腦文書操作、辦公、指揮自動化使用、理論學習輔導等專業，既有利於機關幹部豐富閱歷，也促進了機關與基層的溝通。

近年來，中央軍委主席江澤民實行加強對年輕幹部培養的規劃，鼓勵優秀的年輕幹部到艱苦環境中接受鍛煉和考驗。依據江澤民的指示和中共軍委的要求，總政治部作出選拔優秀年輕幹部到艱苦地區部隊「代職鍛煉」的決定，並專門下發通知，對這項工作作出具體部署。2001年解放軍和武警部隊按照規定層層遴選，從優秀師團職後備幹部中挑選了34名全部具大專以上學歷，赴邊遠艱苦地區部隊代職鍛煉的人選，前往新疆、青海、西藏等艱困地區的部隊帶兵，努力培養和鍛煉艱苦奮鬥、吃苦耐勞的精神，提高在各種複雜情況下的適應能力，增強戰略戰術實力，爲此後的成長進步打下基礎。

（四）加強班長訓練、完善士官制度

「班長」向爲部隊之骨幹，也是部隊管理和領導的第一線實施者，在連隊中起著承上啓下的作用，因此加強班長訓練，培養出三能（能組織訓練，能管理士兵，能指揮打仗）四會（會講、會做、會教、會做思想工作）的合格班長，是武警高層十分重視的一件工作。

傳統上的班長乃是由優秀的士兵中提升（即提幹制），這項作法仍然存在，但作法已改爲在義務兵服完兩年義務兵役期之後，經評估後留下一定比例的優秀士兵提升爲志願役士官，實行士官分期服役制。「留營升士官」的過程首先就是要選好苗子，嚴格把關，爲保證預提班長學員素質，按照群眾評議、中隊推薦、大隊審查、支隊統一考核錄用的方法，把政治合格、思想覺悟高、作風正派、組織紀律觀念強、身體健康、軍事基礎好、訓練成績突出的士兵選拔到支隊之輪訓隊進行培訓，訓練完後歸回原中隊試用一個月，如果合格則正式任職。

雖然往年預提班長集訓由各支隊輪訓隊組織進行，但由於支隊執勤任務重、兵力緊張，影響了訓練人員、內容與質量的落實，致使有的班長軍政素質差，管理部隊能力低落，因此部分總隊（如青海總隊）根據《預提班長軍事業務訓練綱目》的要求，對預提班長進行集中訓練，統一施訓，以便於統一動作，統一標準，較之前由各支隊自訓辦長的作法，大幅提高了訓練質量。

1998年12月，中國人大通過關於修改兵役法的決定，新修改《中國人民解放軍現役士兵服役條例》的決定，規定了將志願兵制度改爲「士官制度」，突破了過去志願兵只能由義務兵改選的規定，允許直接招收非軍事部門的技術人才爲「技術士官」，部隊中所有建制班班長也成爲「非專業技術士官」，士官的待遇與福利進一步提高，而在條例中亦規定各部隊應每年對士兵進行訓練考核，對專業技術兵進行技術等級標準考核，考核成績則作爲使用、晉升和獎懲的標準。

此外，武警部隊亦加強對軍、士官幹部履行職責的考核監督，建立對幹部的考核監督制度，把履行職責和管理部隊的實績作爲考核、使用幹部的依據。對認眞履行職責，敢抓敢管的幹部加以獎勵與表彰，對不盡責的幹部要進行批評教育以及嚴肅處理，甚至撤職。武警總部亦不時召開先進基層單位、優秀基層幹部、優秀班長代表大會，公開表揚稱職盡責的幹部。

2000年9月，武警總部下發《武警部隊士官管理暫行規定》，具以規範士官管理作爲，全文分爲十二章五十五條，有許多不同以往之新作法，在選拔、考核、待遇、獎勵和懲戒方面皆有所著墨，如對不稱職之士官班長，可以停止定期增加薪資、減薪、取消職務崗位津貼半年、取消士官資格與按義務兵退伍處理、強迫退伍等。

由於近年來入伍的新兵在社會條件大幅提升的時代下成長，吃苦耐勞、拼苦硬熬的精神已不如以往，接受挫折的能力低落，若幹部仍以之前帶兵的打罵體罰式管教方法對待士兵，往往會引起極大的反彈，影響部隊內部團結與士氣。中共武警高層近年亦已注意到這個趨勢，因此將「官兵關係」問題作爲一個重要課題來加以研究並研擬各項新的指示與方法下發各部隊參考，以加強基層幹部尤其是班長在這方面的新體認。各部隊也廣泛開展「尊幹愛兵」活動，樹立「互相關心、互相愛護、互相幫助」的良好風氣，幹部則要做到「四個知道」，即知道士兵在什麼地方，在幹什麼，在想什麼，有什麼困難和問題，藉此端正幹部對士兵的根本心態，尊重士兵的民主權利，以關心來促成士兵自覺的成長與進步，並嚴禁以任何藉口、任何方式打罵體罰士兵和侵害士兵權益，一旦發現有以上情事則要立即查處。

（五）總部幹部輪訓

按照黨委要求，武警部隊進行《軍隊基層建設綱要》幹部輪訓，分批對總隊級以上幹部進行「管理連隊化、生活士兵化」的輪訓，平日高高在上，專門負責指揮、督導武警士兵的各總隊少將、總隊長、政委等齊聚一堂，重溫新兵生活，從每日早起的折豆腐乾被子、晨操訓練，自己洗衣、自己打飯、自己掃地、自己整理內務，並進行緊湊的學習與訓練，讓平日與士兵隔了許多層的高級領導幹部能夠重新生出與基層士兵一致的同理心。

三、武警院校

中國國家主席江澤民在2001年「七一黨慶講話」中，除了提出「三個代表」理論之外，也提出加強對年輕幹部的培養，是保證黨和國家長治久安的方法，年輕幹部要擔當起領導重任，加強自身在各方面的條件與水準，以在將來肩負起國家領導的重任。

武警院校順應中國社會經濟、科技、教育事業的發展，是一個與社會發展相互協調的小系統，武警院校立足於整個武警幹部隊伍素質的提高，包括「輪訓現職幹部」，建立「繼續教育」的體系等。武警部隊的特殊性決定了武警幹部結構體系的特殊性，即多序列、多層次、多要素的幹部教育體系。

武警多層次的幹部教育結構是指幹部教育的不同規格水平，在縱向上是以中等教育為主體，由中到高的「寶塔型」結構，在橫向上以發展指揮院校、後勤、醫務、技術院校（包括士官學校）為主，部隊現代化程度越高，專業技術軍官比例越高，指揮軍官比例也相對減少，面對這種趨勢，武警部隊將以新的士官制度取代指揮軍官的空缺。

武警幹部教育的多要素決定了幹部教育的內容與幹部知識結構的多樣性及發展性。藉由院校設置、專業設置、課程設置、教育體制等方面加以調節控制，使武警幹部教育形成縱橫交錯的整體網路。

根據1996年7月中共武警黨委第二次擴大會議上所通過之「人民武裝警察部隊建設發展工作綱要」，計畫於五年內除現有之武警學院、指揮學校及各專業武警院校外，再增設五十六所武警學校及五所武警學院，為再擴增一百萬武警兵力預設訓練教育機構。

在「九五」（1996-2000）期間，中央軍委把改革軍事院校、提高人才培訓層次作為推進中國軍隊跨世紀發展的重大戰略措施。1999年6月，中央軍委對全軍院校體制編制調整和教育改革做出規劃，並召開第十四次中國共產黨全軍院校工作會議，軍委主席江澤民並在會後簽署《中國人民解放軍院校教育條例》，中央軍委頒發《軍隊院校教育改革與發展綱要》，國務院與中央軍委聯合下發《關於建立依託普通高等教育培養軍隊幹部制度的決定》，對軍事院校的革新有許多重大的指示方向：（1）確立了院校在軍隊建設中優先發展的地位；（2）明確院校體制改革的目標，面向世界、完善幹部培訓，走向現代化教學與正規化管理、社會化保障；（3）完善在職幹部繼續教育制度，提高生長幹部的補充比例，凡軍地兩用專業人才，逐步實現由地方院校培訓，並建立以直接接收地方大學畢業生爲主體，兼及試辦高校預備軍官培訓制度；（4）將全軍院校由過去指揮學校和專業技術學校分開形式，統一調整爲培養生長幹部和培養在職幹部兩大類，並將科研單位併入院校，實行教研合一的新作法。

2000年9月，北京、西安、廣州、瀋陽、成都的武警指揮學校經中央軍委批准由指揮學校升格爲「指揮學院」就是武警嘗試提升其教育水準的一個代表，意圖藉由科技改造、更新教學內容，改進和創新教學方法，爲教育訓練的發展提供了堅實的技術基礎。

四、武警刊物

武警部隊擔負著作爲黨與國家的一支武裝力量，擔負著保衛國家、維護人民生命財產安全的重責大任，全黨、全軍與全民都對武警部隊寄託厚望。而部隊是要講士氣的，「勁可鼓不可洩」，要把武警部隊建設好、管理好並提昇素質，辦好一張報紙與一本刊物是基本的要求。而這麼一張報紙就是今日的，《人民武警報》與《中國武警》。

辦刊物要講究讀者對象，如《解放軍報》主要的對象是解放軍幹部，各大軍區小報則是解放軍士兵；《人民武警報》的對象既有武警幹部，也有武警士兵；《中國武警》則是對外公開發行的雙月刊，是讓人瞭解武警部隊的一個很好的管道。

《人民武警報》爲武警總部政治部出版，爲武警黨委機關報，1997年7月1日起由原先半開四版改爲全開四版，一版是綜合要聞、二版是軍事後勤、三版爲政工版、四版爲專版和副刊。

《武警學術》由中國人民武裝警察部隊學院主辦，是武警部隊唯一的學術理論刊物，於1986年創刊，內容有：武警業務研究、戰術研究、教育訓練研究、政治工作研究、後勤研究、新知識新技術新資訊、外警研究、學術爭鳴、學術動態、來稿集萃等部分。

《中國武警》創刊於1996年11月5日，爲武警總部政治部主辦，爲武警唯一對外發行之公開刊物，內容對武警部隊的現況、部隊人、事、物的點點滴滴作了許多詳盡的介紹，稿件來自各部隊內部或雜誌記者與讀者投書等，不一而足。

《武警教育》爲一本武警部隊的教育訓練刊物，前身爲《警校教研》。

《武警醫學》原爲對內季刊，後改爲雙月刊公開發行。報導武警各總隊醫院醫療及科研成果。

《邊防學報》爲武警邊防部隊的綜合性刊物。

《政工簡訊》爲武警總部政治部所編，每半個月到一個月出刊一次，爲發至支隊等級的政工刊物，內容爲宣達政令、反映部隊學習動態、推廣經驗、抓住難點與熱門問題予以解答，進行黨路線與政策的宣傳等，基本上是由各省市總隊政治部供稿。

《紀檢通訊》爲武警部隊紀律檢查委員會所編，約一個月出刊一次，爲武警黨委組織的內部刊物，內容爲宣達黨中央與中國紀律檢查委員會的指示，專爲端正部隊風紀、黨員清廉行政而設，內容多爲武警部隊幹部清廉，堅拒賄賂，扶正怯邪等等的事蹟，或是幹部與士兵違法犯紀，遭受處份的例子以資警惕，文章由武警各總隊紀委供稿。

伍、武警警用裝備

武警部隊以軍事觀點來看是一種輕裝步兵部隊，在其前身之公安部隊時期，多次與解放軍合併又分開，造成了一開始時穿軍服，但卻只有軍用裝備可供使用，並沒有像世界先進國家一樣的警察專用配備。由於武警部隊面對的目標不是外國入侵者，而是犯罪分子和可能的群眾騷亂，因此配備相應的特種警用武器是十分必須的。一直到武警體制在1983年後逐漸定型，才慢慢開始研究並裝備新的警用配備，以適應武警執勤環境的需求。武警總部特地爲此成立「武警部隊科技開發部」，專責警用裝備的研製和引進工作，而負責科技開發部的是武警部隊目前唯一的女將軍楊俊生少將。

武警內衛部隊、武警邊防部隊、武警警衛部隊、武警機動部隊、武警特種警察部隊等擔負著邊防和重要人物與設施警衛，以及反犯罪、反恐怖、防騷亂等任務，他們將面對的主要對手不是外國入侵者，而是犯罪分子和騷亂人群，而近年來隨著中國國內科技的發展、國家經濟實力的增強、社會環境的改變，中國已經成功研製了許多必要的警用殺傷性及非殺傷性武器和防護裝備，像警用裝甲車、警用狙擊步槍、警用防彈衣、反恐怖特種爆彈、警用防爆彈等，塡補了過去的許多空白。以下我們就武警警用配備分別予以介紹。

一、武警槍械、火砲

（一）步槍

目前武警部隊使用的步槍爲1981年中國設計定型的「81式」7．62釐米突擊步槍。81式步槍雖已顯老舊，但仍具有射擊精度高、結構簡單緊湊、機動性佳、火力猛、壽命長、重量輕等優點，能一槍多用，亦能裝上榴彈發射器發射各種榴彈。

（二）衝鋒槍

武警部隊使用79式與85式兩型衝鋒槍。79式衝鋒槍是中國自製的第一代衝鋒槍，1979年設計定型，用來裝備空降士兵、偵察兵和武警部隊，槍托可折疊，有效射程200公尺，彈匣可裝20發子彈，口徑爲7.62釐米，槍重僅1.9公斤。85式衝鋒槍則是一款輕型微聲的衝鋒槍，有效射程200公尺，彈匣可裝30發子彈，口徑7.62釐米，槍重1.95公斤。

（三）手槍

「64式手槍」是中國自行設計的第一種手槍，1964年設計定型，主要是裝備部隊的指揮人員與公安部隊。這是一種自動手槍，口徑爲7.62釐米，射程50公尺，彈匣容量爲7發子彈。

「77式手槍」是解放軍指戰員和公安部隊的新型自衛武器，主要是供團級以上指揮員使用，射程50公尺，口徑爲7.62釐米，彈匣可裝7發子彈，於1978年設計定型，並有一系列的改良型陸續出現。

「77B型9釐米手槍」使用9釐米口徑子彈，有效射程爲50公尺，彈匣容量爲9發。

「77B2型9釐米手槍」設計保留了77B型手槍原有的特點，又使該槍更安全可靠，研製出一種具有彈量指示器、能容彈15發的雙排彈匣。

「NP20型9釐米手槍」是在77B型手槍的基礎上，根據實際使用情況，增加了擊針保險機構，改進照門可調機構。NP20型手槍彈匣容量爲9發，使用壽命爲5,000發。

「91式7.62釐米4管匕首槍」是中國自行研製、組裝並獲得國家發明專利的產品，是共軍偵察兵和武警特警部隊配備的新一代武器，它具有剪、鋸、銼、開罐頭、瓶蓋等多用途功能，而且能發射軍用手槍彈，將冷熱兵器融爲一體，因此它既是匕首，又具有手槍的功能。該槍匕首刃長140公分，採半自動射擊，使用7.62釐米手槍彈，有效射程10公尺，使用壽命爲2,000發。

（四）狙擊槍

武警部隊使用85式與79式兩型狙擊步槍。85式半自動狙擊步槍，槍重4.4公斤，有效射程達800公尺，口徑7.62公釐，彈匣可裝10發子彈。

79式半自動狙擊步槍槍重3.8公斤，有效射程1,000公尺，口徑7.62公釐，彈匣可裝10發子彈，裝上刺刀還可行白刃戰。本型槍枝是一種適合邊防哨所與特警狙擊手使用的單兵狙擊武器，係仿自俄製卓卡諾夫狙擊槍（Dragunov SVD）。

（五）榴彈發射器

1. 30公釐自動榴彈發射器

中國對自動榴彈發射器的仿製和研製工作是從八○年代初期開始的。現已有30公分、35公分、40公分等各種口徑、不同型號的榴彈發射器。

武警部隊使用30釐米自動榴彈發射器，能對可見目標直接瞄準射擊；也可像迫擊炮那樣採用間接瞄準進行曲射，射程50至1,730公尺。

2. 35公釐防暴榴彈發射器

武警部隊使用防暴榴彈來應付群眾騷動暴亂事件，使用的防暴榴彈發射器有QLL91式肩射型與QLG91A式81步槍槍掛型兩種，彈種則有可使人體淚眼模糊、呼吸困難而失去抵抗能力的催淚彈、產生巨大震波使人失去知覺的爆震彈與產生巨大閃光而使人暫時失明的閃光彈等，射程可達300公尺以上，遠大於暴動群眾石塊攻擊的範圍，較西方國家常見的警用催淚槍射程來得遠，精度亦佳，故爲武警部隊處理群眾事件最佳利器。

3. 38公釐防暴槍

38公釐防暴槍也是中國國產的裝備，1997年定型，它可發射催淚彈、染色彈、煙霧彈、橡皮彈，射程有100-130公尺，但是並沒有致死性，因此成爲大陸非警方之保全人員可以使用的裝備，中國各地的銀行警衛亦皆採用此型防暴槍以對付可能之襲擊者。

由於此型防暴槍構造簡單、便宜，彈重僅148克，可槍射與手投，性能可靠且穩定，可望大量生產與裝備武警部隊，成爲武警在群眾鎮暴任務時的基本配備。

（六）火砲

武警部隊亦有少數部隊配備有輕型火砲，計有：（1）

PD87式82釐米迫擊砲；（2）65式82無後座力砲；（3）69式40公釐火箭筒等裝備。

另北京總隊十一支隊第一中隊爲禮炮中隊，肩負首都禮炮鳴放任務，自1997年6月19日起使用中國兵器工業總公司第二四七廠研製的「九七式禮炮」執行任務。

二、武警車輛

武警部隊除使用一般軍用卡車、吉普車之外，近年來因應任務需要，開始採購或發明多款特種車輛，介紹如后。

（一）12噸級WJ94重型輪式警用裝甲車

由於近來少數犯罪分子大量使用槍械犯罪，經常給追擊、圍捕的武警帶來傷亡，因此武警需要裝備具備強大防彈能力的警用裝甲車用來追擊、圍捕，以儘量避免武警的傷亡。改良自解放軍WZ551型裝甲車的武警12噸級WJ94重型輪式警用裝甲車因此受到採用，並大量配發到各武警內衛部隊，成爲武警攻堅利器之一。此型警用裝甲車配有一挺機槍，一個15管的防暴彈發射器，還有強力燈、警燈和高音喇叭等警用配備，其鋼板亦足以抵擋槍彈，抵擋投過來的石塊自然更無問題，對騷亂中常遇到的汽油燃燒瓶也有防護作用。因此，此型警用裝甲車是目前保護武警免遭傷害的最佳選擇，也能在必要時發揮撞擊犯罪分子車輛的鐵鎚功能。

（二）801履帶式森林消防車

武警森林部隊執行林區與草原區的護林防火、滅火任務，使用的裝備除了少數的軍用裝備外，多爲專業性的消防滅火裝備。

武警新裝備的YD801履帶式消防車改裝自大陸國產的531型裝甲車，車上裝載水泵、水袋等消防器材，成爲能夠適應各種地形的森林消防車，它憑藉著大馬力柴油引擎，能夠運載十五名消防警察與其他消防裝備，進入崎嶇難行的山區叢林，浮渡河流穿越小溪，執行森林滅火任務。

而同樣這型車輛也可改裝爲防暴水砲車，通常滅火水砲車外邊會裝有許多供消防員攀拉的扶手與踏板，防暴水砲車外表則特意做得非常光滑，以防止騷亂者爬上車。

（三）重型排障車

由中國國產EQ-245越野卡車底盤改裝而成的重型車輛，總重10.1噸，車前有一具巨大的鏟刀，具有5,000公斤的推力，可在自然災害或發生群眾騷暴亂時推開樹幹、冰雪、路障等物；車上還配備有一座五噸級的吊車，足以吊開障礙、扶正車輛；這種排障車還配有前後絞盤，可以拖拉車輛及障礙物，車窗上則裝有防護鐵絲網以防石塊、酒瓶的攻擊。

（四）大型指揮車

這種大型指揮車一樣由中國國產東風EQ-245越野卡車底盤改裝而成，車上配備有全套警用通信、機要及自動化指揮裝置，可以運載11個人在運動中進行指揮、通信，特別適合武警在實施大規模圍捕、處突或演習行動時，進行指揮通信工作。當車子停止時，可將後車廂展開成一個42平方公尺的帳棚，作爲可容納40人的野戰會議室，也可供15人睡覺。這種大型警用指揮車輛對於轄區廣大的武警部隊頗爲適用。

三、特種裝備

（一）電警棍

電警棍乃是由位於西安的武警工程學院光學專業教員徐孝達研製而成，徐孝達不僅自畫電警棍的設計圖，需要的50多個零件也是自己找廠家進行加工，之後在家中組裝完成。1988年11月，電警棍透過總部匯報表演，正式投產裝備部隊。

（二）WJ97-2、WH97-3型雷射標識光束瞄準具

爲了使武警部隊在全天候都能精準地使用槍械遏止犯罪，並求一槍中的，不傷及無辜，因此武警工程學院教員徐孝達以其堅實的光學專業，研製了一個具有雷射擴束功能的瞄準具，使得用槍能百發百中，雷射光指到哪裡，就打到哪裡。

1997年7月15日，鐳射標識擴束瞄準具在陝西省軍區靶場驗證成功，12月7日經過中國兵器專家們認可具有領導國際的水準，且爲中國國內首創的先進軍事科技。

（三）防彈背心

武警現在使用的是總後勤部軍需裝備研究所研製之「護神牌防彈背心」。此型背心是由硬質與軟質防彈層組成，能有效防禦手槍彈，重量也不大，防護面積大、效果好、成本也低。此外警用防暴盾牌、警用頭盔也已裝備所有可能承擔防暴任務的武警部隊，可以有效防護石塊、棍棒與刀械的攻擊。

（四）直昇機（直九與米八、米十七）

中國哈飛工業集團在2001年9月12日向武警部隊交付了四架警用直九直昇機，這種直昇飛機是目前中國最先進的警用直昇機。按照武警的需求，機上安裝了執行空中交通指揮和警務執法的多種專用設備，以利處理突發事件、高層建築消防和森林滅火、緊急醫療救護等具體任務。

由中國航空工業第二集團公司哈爾濱飛機工業集團研製生產的直九警用直昇機，是引進法國「海豚」直昇機專利技術，並實現了國產化的雙引擎4噸直昇機，廣泛應用於軍、民用領域。該機與當今世界同類型直昇機水準相當，並根據武警需求安裝了多種專用設備，主要執行空中交通指揮和警務執法、處理突發事件、通信聯絡、搜索與救援、高層建築消防和森林滅火、公務運輸、押解罪犯或銀行運鈔、緊急醫療救護、緝私緝毒等多種任務。

另外，武警森林部隊亦使用俄製米八、米十七直昇機來運送滅火裝備與人員。

陸、警民關係

一、警民共建

中國大陸爲一社會主義國家，而在社會主義建設當中，精神文明爲物質文明提供精神動力和智力支持，而物質文明則爲精神文明的發展提供物質條件與實踐經驗，其中精神文明是建設社會主義的堅實基礎，藉由精神文明建設的推展，使廣大人民成爲有共產主義的理想，有道德、有文化、守紀律的群衆，齊力支持社會主義的建設工作。武警部隊的警民共建運動基本上延續解放軍的「軍民共建」模式，依照部隊所在地區的情況與需要，因地制宜地推展部隊與地方合作的社會主義「物質文明」與「精神文明」上的共建活動。

各地皆設有「警民共建領導小組」，是各地政府負責警民共建的領導機構，成員由武警部隊與地方政府各自選派，定期召開會議部署工作。各級武警部隊的政治部（處）也設立「警民共建辦公室」，即爲警民共建領導小組的辦公處所，警民雙方共同派員集中辦公。此工作以地方黨委爲主，把創建所謂的「文明單位」做爲重點。

所謂的「物質文明」共建，在改革開放、市場經濟蓬勃發展之際，大陸仍有九億人口住在農村，而許多農村或邊疆地帶仍處於極度貧困落後的狀況，人民對外界的接觸不多，小農思想也使得他們保守封閉，貧困的狀況遠遠低於貧困線之下。中國社會科學院在1999年11月底發表的報告中指出，到2000年爲止，殘疾人及居住在自然環境惡劣偏遠山區無法掃貧的人口有兩千萬，住在條件稍好地區但尚未解決溫飽問題的貧困人口也有兩千萬，這還是最保守的估計而已。武警部隊秉持著人民軍隊「發展生產、豐富供給」的宗旨，及黨中央、國務院《關於幫助貧困地區盡快改變面貌的通知》，將幫助人民排憂解難，扶貧救困，開展警民共建的事業列爲部隊日常工作之一。許多駐地貧困的武警部隊紛紛成立「扶貧共建小組」，除在旱澇時節賑濟貧民外，平日則聽取地方政府、幹部與群眾的意見，有計畫、有部署地投入部隊兵力與文化水平高的人才，協助建設地方、做好基礎建設、建設學校、改良農業生產運銷等，從根本上做起，使地方逐漸脫貧致富。

如四川總隊在1996、1997年兩年中，全省武警官兵先後向貧困地區、災區人民與希望工程捐款560多萬元，救助失學兒童245人。黃山、九寨溝、五台山等觀光資源豐富之地，當地武警也協助改善基礎建設，維護治安，俾得吸引更多觀光人潮，挹注地方財政，使居民大量就業，達成物質文明的共建。

而在精神文明共建方面，精神文明包括「文化建設」與「思想建設」兩方面，原則是「以馬克思主義爲指導，適應社會主義現代化建設的需要，加強思想建設與文化建設，培養社會主義『四有』新人，提高人民的思想道德和科學文化水平，建立新型的軍政、軍民關係」，而軍隊則是精神文明建設的模範與先鋒。武警部隊與地方按照「以地方爲主，以做思想工作爲主，以發動群眾自建爲主」的原則，由警地兩方組成共建領導小組，提倡愛國、愛黨、愛軍教育，由部隊派員到各地機關、學校去，藉由聯歡、球類比賽、唱唱歌、聽戲、演講等方式，來教導並灌輸群眾與學生愛國意識，宣導政府政策與黨的路線、方針、政策等，並表現一些特殊的專業技能，博取群眾的敬仰敬畏之心，達到宣傳的目標，並在重大國內外事件發生時組織隊伍向四鄰宣揚國家政策或作法等，可以說是自己先被洗腦，再繼續去洗腦別人。

然而共建活動中也出現了不少問題，如在沿海富裕地區的武警部隊，搞生產搞過了頭，往往做出許多違法違紀的事情，比如從事投機盜賣、假公濟私、大搞走私等，要不就是執勤職責範圍內的工作反而要向對象收錢後才願意去做。總之一切向錢看，對武警部隊的聲譽造成很壞的影響，也使武警「人民軍隊」親民愛民的聲譽受損。因此，1998年黨中央與中央軍委決定軍隊與武警部隊一律不再經商辦企業，全軍的後勤保障由新建立的軍隊聯勤體系統一規劃保障，部隊各項經費標準也獲得提高，而更重要的是從此斷絕部隊與民爭利、貪污腐敗的根源。

然而一般有意義的共建活動仍是繼續下去的，比如「武警春蕾助學基金」，這是武警部隊從1998年起開始進行的一項針對失學貧困兒童捐助上學基金的全軍性活動，武警部隊首次向中國兒童基金會捐款300多萬元人民幣設立了「武警春蕾專項基金」，並在中國貧困地區創辦了四十三個「武警春蕾女童班」，使得2,000多名失學女童重返校園。在2001年，中國武警部隊第二次向中國兒童少年基金會「春蕾計畫」捐款636萬元人民幣。此次捐款集中資助西部五省和內地重點貧困縣，總共開辦一百個「武警春蕾女童班」，救助5,000名女童重返校園，同時再建五所學校，爲西部教育事業的發展作出貢獻

二、擁政愛民運動

與解放軍一樣，武警部隊亦爲中國共產黨持續推動「擁政愛民」、「尙武愛軍」活動下的參與者。所謂的「擁政愛民」是指軍隊要「擁護人民政府，遵守政府法令、法規與群眾紀律，尊重地方幹部，熱愛人民、關心人民生活疾苦，虛心聽取人民政府和人民群眾的意見，積極參加與保衛四化建設，搶險救災，支持社會公益事業。」

武警部隊大部分駐守在城市當中，與人民群眾的接觸、往來十分密切且頻繁，其負責維持治安與社會秩序的職責也與人民生活息息相關，尤其性質以公開巡邏、武裝威嚇爲主的武警部隊主要發揮的功能是預防犯罪，武警的存在與出現對市民的心理上即具有一定的安定作用，也對宵小及意圖犯罪之徒有一定程度的威懾作用。而在執行任務時，人民群眾的協助與情報的提供就是武警順利達成任務十分重要的一環，做好警民關係的武警部隊在蒐集民情、社情方面有更佳的情報來源與管道，而在緝捕罪犯時也更容易得到群眾的見義勇爲、拔刀相助。

三、救災搶險

救災搶險是武警與人民另一項在精神上緊密相連的任務，在嚴重天災人禍危難險情出現的時刻，凡人皆有畏懼趨避之心，而家園財產直接受到危害的人們，則往往無力扭轉災禍，只能聽天由命，此時就需靠體力強、意志佳，必須貫徹命令到底的軍隊來投入救災搶險的工作。世界各國在國內遭遇天災人禍等重大事件發生時，當公務機關及警力不足以處理時，都會以部隊投入支援，而在非戰時，救災視同作戰的觀念也是日益普及。對於中國解放軍與武警部隊，必須秉持人民軍隊的宗旨，即毛澤東於1945年《論聯合政府》報告中所概括的：「緊緊地和中國人民站在一起，全心全意地爲中國人民服務，就是這個軍隊唯一的宗旨。」中國共產黨締造的「人民軍隊」，包含解放軍與武警，是必須爲廣大人民群眾的利益而戰的。在中國共產黨對軍隊的宣傳與意識形態的灌輸中，人民群眾是人民軍隊賴以生存的基礎，軍隊視人民爲父母，人民就會視軍隊爲親人，則軍民團結成一家人，這些是中國共產黨在各時期都反覆闡述強調的，而在百姓遇到災禍險情威脅時，人民軍隊必須毫不猶豫地投入救災搶險，爲人民服務，同時也可以「保衛四化建設」。

在中國共產黨軍事戰術中，「集中兵力打殲滅戰」是毛澤東人民戰爭思想中戰略戰術原則的核心，是貫徹「積極防禦」戰略方針的主要手段，也是解放軍挫敗強敵的主要作戰原則，而這個原則正應用於武警部隊出動來加入歷次大陸災害搶救的首要原則。「救災視同作戰」，武警部隊與解放軍在中央軍委命令之下，迅速組織救災「聯指」，調動各軍區機動兵力進入各受災地帶與缺口地區進行堵截洪患、加強堤防；或在地震、雪災、土石流等災區搜救居民、提供糧食衣被等。

近年來武警部隊已將救災搶險列入部隊訓練項目之一，可見得此項任務在武警執勤任務所佔比重上有日益升高之勢。

第二篇
武警部隊與中共國家安全及未來挑戰

第三章　武警在中共國家安全的角色

壹、中共的國家安全觀

貳、中共的國家安全威脅與武警角色

參、政治安全與武警部隊

肆、國家領土與主權分裂的危機

伍、中共武警部隊與國家經濟安全戰略關係

壹、中共的國家安全觀

國家安全，簡而言之就是國家不存在危險或是不遭受內、外部的威脅。而國家安全是由「國家」、「安全」兩個名詞結合而成的，而且是隨著「國家」而產生的，國家要生存下去保障其安全爲其基本職能。

然而中共的「國家」概念從其1993年中共憲法修正案內容：

> 「我國正處於社會主義初級階段。國家的根本任務是——根據建設有中國特色社會主義的理論，集中力量進行社會主義現代化建設。中國各族人民將繼續在中國共產黨領導下，在馬克思列寧主義、毛澤東思想指引下，堅持人民民主專政，堅持社會主義道路，堅持改革開放，不斷完善社會主義的各項制度，發展社會主義民主，健全社會主義法制，自力更生，艱苦奮鬥，逐步實現工業、農業、國防和科學技術現代化，把我國建設成為富強、民主、文明的社會主義國家。」

可以知道，其國家的根本任務是與中國共產黨爲絕對相關，人民是在共產黨的領導下建立社會主義國家，而在其憲法第一條又規定：

「社會主義制度是中華人民共和國的根本制度。禁止任何組織或者個人破壞社會主義制度。」

基此分析，中共的「國家」建設任務只能在共產黨的唯一領導下完成，而共產黨所推行的「社會主義制度」則為中共國家的根本制度，任何組織及個人均不得顛覆破壞此制度。所以中共的國家安全觀，是在保障中國共產黨的永續生存，必須依此認知來討論中共國家安全，才能較為宏觀的透析其中的意義。

貳、中共的國家安全威脅與武警角色

中共國家戰略的基本目標根據美國學者Michael D. Swaine認為有四點：

（1）保衛中共的國家領土與主權。
（2）指導國家建設與社會發展。
（3）加強國力。
（4）保證國家持續繁榮。

而國內學者羅天人就中共國家安全政策目標來看，自八〇年代以來，其首要目標為：

（1）中共內部政治。
（2）經濟。

（3）科技。

（4）軍事。

綜合以上所言及中共本身對其戰略目標或是國家安全的說明，可以推論出中共當前的國家威脅則是：一、國家領土與主權分裂的危機（人民認同）；二、國家建設與社會發展路線的危機（政治）；三、國家力量發展的危機（軍事）；四、經濟持續發展的危機（經濟）。如圖示：

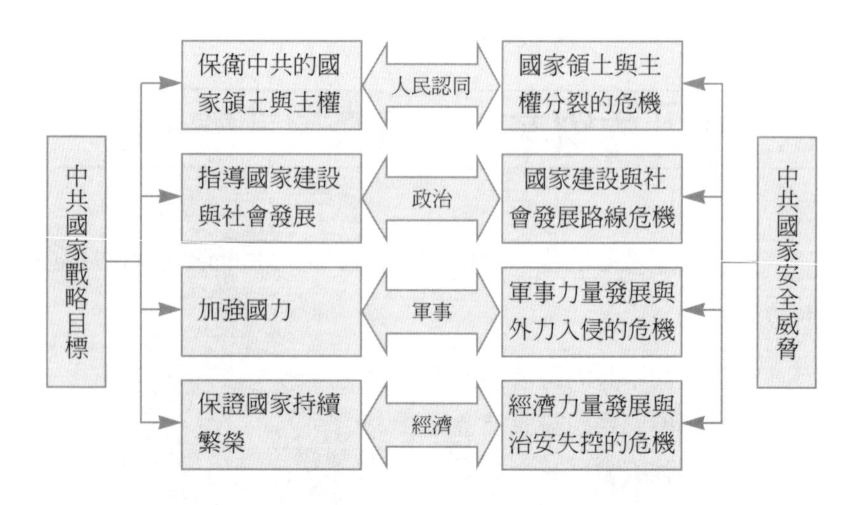

而總結中共國家安全威脅不外有四點：

（1）國家領土與主權分裂的危機。

（2）國家建設與社會發展路線的危機。

（3）軍事力量發展與外力入侵危機。

（4）經濟力量發展與治安失控危機。

而依據中共「政協」共同綱領總綱中規定，把「人民公安部隊」、「人民警察」、「人民解放軍」同列爲「國家武裝力量」。而當前中共也將解放軍、武警及民兵視爲「三大武裝力量」加上中共的黨政、公安情治系統形成一套牢不可破的國家安全支柱（如圖示）。

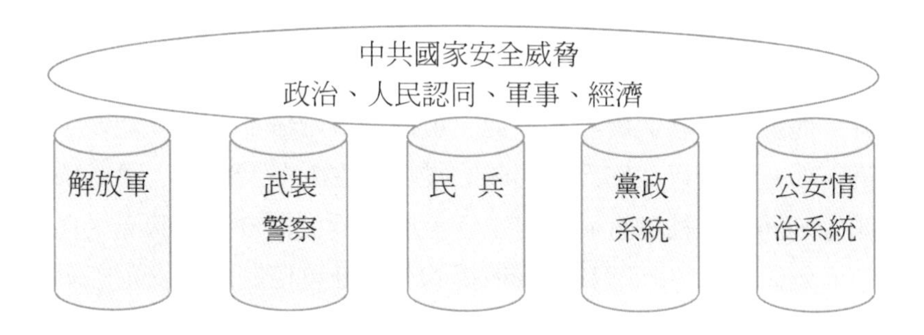

而中共人民武裝警察部隊政治委員徐永清上將，就針對中共領導人江澤民對於武警建設的重要論述總結六點，與筆者所推論的中共國家安全威脅不謀而合，論述六點爲：

（1）在思想政治建設方面，強調必須堅持黨指揮槍的原則，在政治上要絕對可靠。

（2）在戰備執勤方面，強調要牢固樹立居安思危的憂患意識，隨時準備打頭陣、上一線。

（3）在領導管理體制方面，強調地方黨委和政府要能調動和使用本行政區域內的武警部隊。

（4）在教育訓練方面，強調要努力提高現代條件下執勤和處置突發事件的能力。

(5) 在管理教育方面，要求從嚴治警，保證部隊的高度穩定和集中統一。

(6) 在後勤建設方面，指出要努力改善物質生活條件，不斷提高新形勢下的保障能力。

中共武警部隊，總結江澤民的六點指示，從思想政治建設、戰備執勤、領導管理、教育訓練、管理教育、後勤建設方面來強化武警部隊能力，來抗衡中共目前面對的國家安全威脅。而當前中共武警發展取向，可區分爲兩個部分加以觀察：第一部分，是以共黨政權專政的維持爲主的發展路線，第二個部分，則是以社會實體的自主性發展及新生社會需求的滿足爲主，兼顧統治者階級利益爲前提的一種社會控制，在安定的訴求中，同時考量社會整體的發展。由此可知在對抗中共國家安全威脅中，只有中共武裝警察部隊，能涵蓋到各個面向。以下各章就針對武警的特性、地位發展路線來論述其在國家安全的定位。

參、政治安全與武警部隊

中共人民武裝警察部隊是中共內部控制重要的一環，也是其政治安全保障的重要工具。中共在建軍整軍的所有過程中，都極重視政治思想教育，武警部隊的政治教育根據《中國公安辭典》的解釋爲：「武裝警察部隊指導、幫助官兵提高政治思想覺悟、樹立正確的人生觀和科學的世界觀、激勵戰鬥意志，成爲有理想、有道德、有文化、有組織的新一代革命軍人的教育活動」。武警部隊的政治思想覺悟的中心任務還是在鞏固中國共產黨的政治安全。其加強政治教育，只是在於提高共黨對武警部隊的絕對領導及絕對控制，其目的就是將黨的領導地位置於國家、武警部隊之上，以期在黨需要的時候能順利的指揮軍隊。

政治安全對所有國家都是十分重要的，維護自有的意識形態與價值觀不受外來的影響是每一個國家維持存在的基本要件，尤其對於採取社會主義人民民主專政的中國來講，對抗資本主義價值觀的戰爭從來就不曾停歇。因此要確保政治安全，必須從以下幾方面來著手。

一、確保警衛安全

武警部隊的執勤任務中包括了「警衛、守衛、守護」等項目，也是武警日常比重所佔最大的任務，其對象包括了「對人」與「對物」，目的都是要保證保護對象的安全無虞。中共政權專制獨裁的色彩濃厚，既屬專制，則政府畏懼人民起而抗之；既獨裁，則領導人畏懼有心人等謀害奪權。因此中共歷代領導人一方面要對內緊密控制，以防統治對象起來反抗，或有犯罪分子破壞國家經濟或國防要害部位，另一方面則要保障中共黨政領導人的人身安全，排除一切危安因素，而今日在中國大陸承擔這兩項重大任務的就是武警部隊。

中共自創黨以來，就極重視黨政領導人的人身警衛安全工作，並在不同時期成立各種警衛機制以保障領導人的安全，如最早的中央特科、到後來的中央警衛師、中央警衛團、到目前中共的黨中央辦公廳警衛局指揮武警內衛部隊執行的警衛勤務，皆是中共極爲重視的政治性任務。

武警內衛部隊的警衛工作主要肩負了中央與地方黨政領導人、來訪的外國元首、外國駐中共使館等單位的武裝警衛任務，以防範、打擊陰謀者的陷害與破壞行爲，確保警衛對象的安全無虞。因此，除了在北京針對中央及領導人與中央政府機關所特別加強的警衛任務之外，在全國各地的地方重要政府機關、道路橋樑要衝地點、國防重要基地廠庫、車站、機場、電視台與廣播電台等，皆由各地武警內衛總隊負責警衛、守衛、守護的工作，以一天二十四小時，一年三百六十五天不間斷的執勤保護，嚇阻有心人士的侵擾與破壞，確保國家機制運作的正常，並使黨中央的命令能夠貫徹到全國各地。

因此，武警部隊可謂是中共對內專制統治的一道重要防線，重要性絲毫不下於對外防衛的人民解放軍，其第二武裝的地位也在中共國內問題越來越嚴重的今日愈形穩固。

二、鞏固江澤民統治

江澤民自六四事件後一躍成爲中共繼鄧小平之後的新一代最高領導人，如同之前所有的中共領導人一樣，鞏固領導中心成爲江澤民執政初期致力的目標。江澤民出身技術官僚，在黨中的資歷不高，聲望不足，與軍方的淵源也不深，因此想取而代之的黨內競爭者為數不少，軍方則仍是唯鄧小平馬首是瞻，對江澤民造成很大的壓力。

雖然在中共「黨指揮槍」的悠久傳統與教育下，軍隊造反的機率微乎其微，然而江澤民要在軍中培植起自己的人馬仍然要花一段不短的時間，況且要顧及軍中期別等倫理規則，致無法隨心所欲，因此江澤民刻意從培植武警部隊的方向來著手：一則武警增加員額可以消化解放軍裁軍後帶來的下崗壓力；二則武警接手所有對內控制與鎮壓的職責，使解放軍得以專心對外，並擺脫有朝一日人民軍隊還會需要將槍口對準人民的心理壓力；三則解放軍可以加速軍隊現代化，裁軍節餘的人事費用可以用來購置新式武器，也是軍方所願。

因此在黨中央刻意，解放軍也贊同的大環境下，武警部隊的發展得到進一步的加速，人員編制大幅成長、裝備快速更新、戰術戰法進一步得到發展，其成效在幾次防洪救災、治安嚴打、整治法輪功與反恐怖行動中已經呈現，武警部隊已成為中共領導人手中一張易使的牌，在任何情況需要時，武警都能以高效率投入到第一線，處置任何突發事件。

現任武警部隊政委徐永清上將在武警部隊政治工作會議上針對當前武警的政治環境威脅提出「適應形勢、探索規律、大力加強和改進思想教育工作」的要求，有四個重點：

(1) 統一認識，堅信新形勢下思想政治工作仍然是我們特有的優勢。越是改革開放，越要加強思想政治工作，堅定不移地把思想政治建設擺在部隊各項建設的首位。

(2) 是把握方向，堅持把思想政治工作的著眼點放在抓好有關部隊建設的根本性問題上。

(3) 狠抓弱項，努力在提高經常性思想工作的有效性上取得突破。

(4) 是加強領導，眞正把做好思想改革工作作爲各級黨委的首要職責。

上述這四項重點工作，明確的宣示武警部隊爲確保共黨政權的工具，江澤民身兼軍委主席等三大黨政重要職務，在鞏固「軍」、「政」兩權，掌握百萬的「禁衛軍」上的成果十分豐碩，而政治工作就是達成其控制武警部隊的手段，也是保障共黨政治安全的不二法門。

因此在江澤民領政十二年以來，中國大陸內部雖遭遇到許多嚴重的國內問題，不管是治安問題、失業下崗問題、要求政治民主的聲浪、洪患天災問題、新興宗教問題等等，都沒有絲毫能動搖中共統治的跡象，西方國家在六四事件後期待出現的和平演變與中共統治的崩潰也從未發生，武警部隊可以說在其中扮演著重要的角色。

三、社會治安維護

在改革開放後，大陸的社會治安問題成爲中共領導人十分頭痛的課題，尤其嚴重的暴力刑事犯罪與官員貪污腐化的經濟犯罪最是難以處理。在同一個國家的經濟發展上，中國大陸的東南沿海與西北內陸、城市居民與農民、高薪工作者與低階勞力提供者之間，皆存在著巨大的落差，是中共一時間難以解決的問題，雖然近年中共企圖以「西部大開發」、「增加農村投資」、做好「社會福利」等做法欲縮短落差，但成效猶未顯現。

武警有維護社會治安、保障人民生命財產安全的職責，在執勤內容中也有許多涉及治安維護的工作，包括依據刑法、治安管理條例等法律，使用國家賦予的權力以阻止犯罪行為，並使用包括武力的手段來打擊現行犯罪活動等，武警部隊與各地公安機關的公安幹警合作，進行「逮捕、押解、追捕」犯罪分子的任務，打擊不法，維持社會安定與秩序。另外，在中共各監獄、看守所、勞教場所的武裝看守任務，也是中共武警部隊職責之一，藉由執行武裝看押任務，可以將犯罪分子、政治異議人士等與社會隔絕開來，避免不良分子持續影響社會安定。

中共二十一世紀的首要政策乃是「穩定」，一切都要求穩定，也唯有在穩定中慢慢地進步，才能夠使中共的統治得到延續，一旦步伐過快或太慢，都可能使中共遭覆滅之災。

肆、國家領土與主權分裂的危機

一、國家領土安全與邊防武警關係

中共陸地邊界和海洋線長達4萬餘公里，與中共陸地接壤的國家有十餘國，因此，中共的邊防政策與其國家領土維持及國家安全息息相關。中共所謂「邊防」，是中共對邊疆保衛和防禦的總稱，其邊防政策是，「規定中國邊防工作的基本原則和內容，主要有：嚴守國界，維護領土完整和國家主權；在爭議地區，維持邊界現狀，不縮小或擴大活動範圍，不主動惹事；嚴格遵守同鄰國達成的邊界條約和協議，在和平共處五項原則的基礎上，發展睦鄰友好關係和兩國邊境地區人民傳統的友誼；在處理邊境涉外事務中嚴格遵守涉外工作方針、原則；在邊境地區加強安全保衛工作和邊境管理工作；防範和打擊敵對勢力和各種犯罪集團、犯罪分子的破壞活動，維護邊境地區的穩定和良好的秩序；促進邊疆經濟和社會發展，改善各族人民的生活，建設繁榮的邊疆、鞏固的邊防。具體政策是針對某一邊境地區的具體情強制定的，只適用於持定的邊境地區。邊防政策按其性質又可分爲邊疆經濟建設政策、處理涉外問題政策、對敵鬥爭政策、邊境管理政策、民族政策等。中國的邊防政策具有明顯的特點：『一、服從於國家對外工作的總方針，並爲之服務，在一定意義上是國家對外政策的組成部分；二、經國務院中央軍委頒發，是黨和國家的政策，具有規範性，起著法規應起的作用；三、基本原則是嚴守國界，領土不容侵犯，體現了國家對主權的嚴肅性；四、既有明顯的針對性，又有適當的靈活性。在處理邊境事務時，可以按照邊防政策的原則精神，根據新的形勢，請示上級批准，靈活處理。』」。

而其「邊防工作」爲：「中華人民共和國新時期邊防工作，以鄧小平同志建設有中國特色社會主義理論爲指導思想，堅持黨的基本路線，認眞貫徹執行黨中央、國務院、中央軍委關於邊防工作的方針、政策和國家有關法律、法規，堅持保衛國家主權和領土完整，維護和發展與周邊國家的睦鄰友好關係，加強民族團結，堅持改革開放，促進邊境地區的經濟發展，保持邊境地區的安全與穩定，爲社會主義現代化建設創造良好的周邊環境。」

而在與中共接壤的國家中，中朝（北韓）、中緬邊境雲南段，以及深圳、珠海各區的邊防，包括邊境武裝警衛和邊境管理，統一由邊防武裝警察負責。中俄、中蒙、中印、中越等邊境，由武警部隊及解放軍分工共管。解放軍主要任務在護土，在邊境一線地區進行巡邏、觀察、武裝警戒和邊防管理，對外國敵對行徑，執行反應。邊防武警主要任務則是，負責陸地邊境管理區及海防工作區的邊境管理與反滲透、反外逃；因此執行對外開放口岸（包括陸、海、空港）的邊防檢查及民用航空機場的安全檢查工作。

二、當前邊境武警執勤與國土安全

（一）中共邊防武警部隊組織型態

當前中共邊防武警部隊其組織型態有：（1）邊防工作站；（2）邊防大隊；（3）邊防支隊；（4）邊防總隊四種。

1.邊防工作站

邊防工作站爲中共公安邊防機關在沿邊沿海地區的地方口岸和重點地段設置的基層單位。任務是：「負責地方口岸邊防檢查、執勤；邊界武裝警衛；邊境管理及沿海船舶管理等。」

2.邊防大隊

邊防大隊全稱「中國人民武裝警察部隊邊防大隊」，屬營級建制，爲沿邊、沿海邊境縣（旗、市）一級武警邊防部隊的管理指揮機關，又稱公安局邊防保衛科。隸屬邊防支隊，是當地公安機關的組成部分，在當地黨委、政府、公安局領導下，組織實施本縣的公安邊防工作，負責邊防所、站、小分隊的部隊管理工作。大隊設大隊長、教導員和副大隊長、副教導員。

3.邊防支隊

邊防支隊全稱「中國人民武裝警察部隊邊防支隊」，屬正團級建制，爲沿邊、沿海地區（盟、州、市）一級武警邊防部隊的管理指揮機關，又稱公安處（局）邊防保衛分局。隸屬邊防總隊，是當地公安機關的組成部分，在當地黨委、政府、公安機關的領導下，負責本地區公安邊防工作，以及所屬部隊的管理工作。支隊編配支隊長、政治委員和副支隊長、副政委，機關設司令部、政治處、後勤處。

4.邊防總隊

邊防總隊全稱「中國人民武裝警察部隊邊防總隊」，爲沿邊、沿海省、自治區、直轄市一級武警邊防部隊的管理指揮機關。屬正師級建制，又稱省（自治區、直轄市）公安廳（局）邊防局。受當地黨委、政府、公安機關的領導。主管轄區邊境管理、海防管理、國家和地方口岸入出境檢查與管理、情報調研、武裝警衛、邊防涉外事務和會談會晤；負責所屬武警邊防部隊的政治思想、後勤保障等部隊管理工作。總隊編配總隊長、政治委員和副總隊長、副政治委員。機關設司令部、政治部、後勤部。

（二）現階段中共邊防武警的具體做法與成效

中共改革開放以後，雖然經濟快速繁榮，但是卻帶來邊防的不安全，中共公安部長賈春旺（武警部隊第一政委）指出，「2000年，中國面對錯綜複雜的鬥爭形勢和艱巨繁重的工作任務，全國公安機關緊緊圍繞全黨全國工作大局，積極主動地開展工作，爲維護社會穩定和國家安全，保障改革開放和社會主義現代化建設事業的順利進行，保障人民群眾安居樂業……做出了新的貢獻在沿海沿邊地區開展了反偷渡聯合行動；確保了社會治安大局的穩定。」其從打擊邊防偷渡、走私犯罪作爲，都是在穩定中國共產黨的絕對領導，而總結中共邊防武警在2000年的成效如下：

（1）邊境管理的嚴格控制。加強中朝（北韓）、中緬（雲南段）邊界和毗鄰港澳一線邊境警戒巡邏，嚴密邊境控制，加大邊防執勤設施建設力度，大力整頓邊境管理秩序，規範邊民出入境檢查管理和邊防執勤，加強堵截查緝，及時妥善處理邊界事務。2000年，公安邊防部門共檢查出入境邊民1,646.4萬人次、車輛227.2萬輛次，攔阻非法出入境人員1.7萬人次。

（2）加大邊防治安行政管理力度。進一步完善海上警報系統，加強海上巡邏執勤。嚴格船舶治安管理，堅決清理取締無船名船號、無船舶證書、無船籍港的「三無」船隻。大力加強進入深圳、珠海特區和邊境管理區的檢查驗證工作。全年共檢查進入邊境管理區的人員4.1億人次、車輛1.7億輛次。

（3）積極開展聯合行動與專項整治。2000年，公安邊防部門以抓「蛇頭」、破大案爲重點，積極開展聯合行動和專項整治，在沿邊沿海地區查獲偷渡案件 915起4,580人，抓獲「蛇頭」805名，接收國外遣返人員27萬名。[3]

---

[3] 2000年邊防管理，中華人民共和國公安部網頁。
http://www.mps.gov.cn/webPage/second.asp

三、內衛武警任務與主權分裂危機

在中共「中華人民共和國國家安全法」中規定，「危害國家安全行爲」是指境外機構、組織、個人實施或者指使、資助他人實施的；或者境內組織、個人與境外機構、組織、個人相勾結實施的下列危害中華人民共和國國家安全的行爲：（1）陰謀顚覆政府，分裂國家，推翻社會主義制度的；（2）參加間諜組織或者接受間諜組織及其代理人的任務的；（3）竊取、刺探、收買、非法提供國家秘密的；（4）策動、勾引、收買國家工作人員叛變的；（5）進行危害國家安全的其他破壞活動的。任何組織和個人進行危害中華人民共和國國家安全的行爲，都必須受到法律追究。[4]

（一）中共社會面臨的四大危機

中共在改革開放之下整個國家社會甚至連共黨內部也開始控制失靈。目前中共因改革開放，社會面臨了四大危機：

1.社會經濟制度的解體

社會主義的計畫經濟制度已經失靈，但資本主義的市場經濟制度無法建立，因爲這牽扯到全面的法律問題和複雜的政治問題。

[4]中國公安辭典編審委員會編，《中國公安辭典》，北京：群眾出版社，1999年9月，1版1刷，392頁。

2.社會控制系統的解體

原先的社會控制系統是建立在人治（如單位、街道、人民公社所構成的人身依附關係）基礎上的，隨著經濟上的「搞活」，人治控制的機制已經嚴重削弱，而法治控制的機制（如立法和司法的獨立）又無法建立，所以社會控制日益訴諸直接的武力。而武力的控制在控制系統的意義上顯然已是社會已經解體到一定深度才會發生的現象。

3.道德和行爲規範的解體

隨著「改革」的深入，舊的、社會主義的思想道德趨於瓦解，但新的、資本主義的敬業精神並沒有抬頭，社會陷入沉疴泛起、巧取豪奪、假貨充斥、騙子橫行的無規範狀態。

4.社會工程的解體

教育體系、水利體系的日益失修和日益廢弛，在表面所發生的是社會解體，而不是社會轉型。如果說中國社會的變革必須透過解體才能實現轉型，那麼，用「和平演變」一語來描述這個過程，顯然不正確。支配當前中國社會解體進程的一個口號是「搞活」，這個口號極富象徵意義：在社會系統的意義上，局部的「搞活」，也就是整體的解體。[5]

所以，中共領導人江澤民提出「三個代表」（中國共產黨

[5]解龍，「當代中國婦女問題」，多維周刊。
http://www.chinesenewsweek.com/12/Commentary/821.html。

「始終成爲中國先進社會生產力的發展要求、中國先進文化的前進方向、中國最廣大人民的根本利益的忠實代表」)，藉以顯示中共高層爲適應當前社會危機及其內部結構之深層變化，至爲關注「思想」與「組織」兩大黨建課題，以期建構前瞻性之指導原則，爲共黨統治之合法性與必然性奠立持久之利基，並鞏固2002年「十六大」思想組織交班之堅實基礎。

（二）突發事件

內衛武警因其組成分子複雜言，分爲警衛、守衛、守護、看押、看守、護衛、城市巡邏等要項，而現今中共僅抓其重點，即所謂的「突發事件」。「突發事件」有其特定涵義，前中共武警總部副參謀長安鮌駒撰文指出：「突發事件指那些突然發生的、規模較大的，危害社會安定，政治安定和治安秩序的鬧事、騷亂及其他暴力案件。」由此可知，突發事件的基本特徵主要是「突發性」和「危害性」。突發性即事情發生前沒有預料到，或在發展過程中由各種因素影響，發生質或量上的變化；危害性則指嚴重影響政治安定和秩序的穩定。

中共將其突發事件之性質劃分爲三大類：一是政治性的。主要是指直接影響其安定團結，破壞其建設和改革，推翻其僞政府、分裂國土、危害其主權完整的事件；二是治安性的。主要是指危害百姓正常工作、生活社會秩序的事件；三是嚴重暴力犯罪案件。如反革命暴亂、騷亂事件、學生遊行示威、請願（上訪事件）、械鬥鬧事、劫獄、劫機、爆炸、強盜殺人等。

四、內衛武警處置「突發事件」之原則

中共武警部隊對處置突發事件（處突）秉持著「快速反應」之原則，根據中共溫州支隊司令部處置突發事件之案例分析，可以判斷得知以下幾個要點：

（一）明確「快」與「準」的關係

處突之「快」與「準」包括情報的準確性、決策的正確性、部隊執行命令和捕捉戰機的正確程度，而在中共追捕戰鬥準則則是由下列十個環節所組成：受領任務、傳達上級指示、動員、向現場開進、實地勘查並判明情況、定下決心、規定任務、檢查器具並完成戰鬥準備、實施戰鬥、結束戰鬥等。「快」與「準」貫穿這整個程序及過程，「準」是達到「快」的先決條件。

（二）簡化程序以減少內在時間消耗

中共武警司令部要求一般武警部隊，必須做到四快：了解情況快、下達命令快、調動兵力快、組織動員快。指揮過程中，對機動分隊宜越級指揮，其他分隊情況緊急時也可越級指揮，次序上應先急後緩，先主要分隊，後次要分隊；先主要方向，後次要方向；發揮現有通信器材的效能，基指和前指要互通情報，密切配合。執勤過程中著警服與著便服者要相互結合， 做到外部和緩自然，保證重點方向用兵和指揮的連貫性，牢牢掌握戰鬥的主動權。

（三）胸有成竹地把握住戰前準備關

在戰前的準備上須掌握下列原則：

（1）司令部要經常組織快速反應訓練，進行沙盤和圖上作業，以地區區域或方塊區域為界，設想各區域可能出現的情況，進行沙盤和圖上訓練。

（2）司令部要組織機動分隊指揮員熟悉本地區的主要通要道、山川水流、大街小巷和城市主要建築物，明確重點區域，一旦發生突發性事件，須使機動分隊準確快速到達目的地。

（3）進行模擬對抗演練，提高快速反應的眞實性。要搞假想敵，研究犯罪分子的心理活動，模擬犯罪分子可能採取的各種手段，進行「紅」、「藍」軍之類的實兵對抗演習。

（4）加強教育、常備不懈。突發性事件執行任務的時間緊、政策性強，平時應經常進行政策、法紀和敵情、犯情、社情教育使部隊始終保持高度警戒，保證一旦發現狀況，拉得開、撒得開、打得響。

（5）不斷改變部隊的後勤保障。

（6）車輛、通信保障之維護。

（7）建立保障點。突發性事件的物資保障是部隊快速反應和戰鬥連續性的保證。

2000年是中共「『九五期間』武警部隊建設計畫」實施的第五年，按照既定規劃，武警部隊將進一步完成理順編制體制、加強機動部隊建設、積極發展特種裝備，以提升「執勤」和「處突」能力。[6]所以中共武警部隊，2000年戰備訓練以提升「執勤」和「處突」能力爲主，包括：

（1）提升應急機動部隊處置事件能力。武警部隊將加強應急機動部隊之建設與演練視爲重點工作，按照「把突發事件消滅在萌芽狀態」的要求，各總隊分層次建立突擊隊、火力隊、排障隊、預備隊、保障隊等機動部隊，在大中城市亦建立防暴小分隊，進行跨省、區的各種「處突」預案演練。

（2）做好「處突」各項工作。武警總部要求有關各部隊把戰備的重點放在主要方向、重點地區和敏感時節根據情況和可能遂行任務，及時研究、調整處置突發事件方案，全面落實保障計畫和應急準備，對處置突發事件的各種方案逐一進行修訂和演練，明確各級任務及完成重點會議、地區、節日的警戒控制任務。2000年全年中，武警部隊投入大量警力從事武裝巡邏任務，並將佔武警總兵力約三分之一的機動部隊隨時投入，以制止一切可能發生的社會動亂。

（3）以「四個貼近」加強執勤訓練。中共武警部隊持續以「執勤部隊訓練貼近實際、機動部隊訓練貼近實戰、院校教育貼近部隊、首長機關訓練貼近現代條件下執

[6] 2001年中共年報，（台北：中共研究雜誌社，2000年6月）頁5-219。

勤和處置突發事件」等「四個貼近」的要求，加強執勤部隊的專勤訓練，並強調要注重指揮所開設、開進和現代指揮器材的使用訓練等。中共對武警部隊的訓練要求爲貼近實戰，即是要有能力執行作戰任務，中共武警部隊亦需配合共軍進行的軍事演練，包括：反空降、反登陸、反滲透等戰術合同演練，此對於武警作戰能力的提升有著絕對影響。如：中共武警浙江總隊於4月舉行執勤訓練工作會議。該武警浙江總隊首次運用網絡指揮作戰，展示科技練兵成果。總隊所屬四支隊演示的網上參謀作業，首次將計算機引入現代作戰指揮，在現場演示的處置群體性鬧事事件過程中，作戰人員快速進行訊息檢索、戰術計算、圖形處理、指揮作戰等作鬥，使原本需要兩、三個小時的工作縮短到廿分鐘，提高了工作效率。

（4）參與抗洪搶險演練。中共武警湖南總隊岳陽市支隊於6月6日組織260名官兵，在東洞庭湖上舉行水上閱兵、編隊航行、水上救援和水上捕殲等四個科目的水上抗洪搶險演習。武警部隊副司令員朱曙光、湖南省委副書記胡彪、武警湖南省總隊總隊長張顯伯、政委徐德學等觀看演習。

五、內衛武警處置「上訪事件」(群眾事件)之原則與未來趨勢

近幾年來由於中共社會經濟發展快速，但是在政治上（思想上）還是緊抓著不放，所以對大型「上訪事件」(群眾事件)的處理格外的重視（如法輪功事件），因爲中共認爲，如果處置不當會直接影響黨和政府的威望。如何處置「上訪事件」(群眾事件）已成爲中共「內衛武警」亟待解決的問題。

(一)「上訪事件」(群衆事件) 的特點

隨著中共經濟開放的腳步加快，大型「上訪事件」(群眾事件）出現了四個新的特點：

（1）規模大，影響層面大。由原先的幾個人、幾十人發展到幾百人，甚至上千人。

（2）上訪人員的組成趨向複雜化，並且出現少數基層幹部加入上訪行列充當組織者角色。

（3）上訪事件是有計畫、有準備的，且其上訪時間長。

（4）上訪事件漸漸向暴力方向發展，且發展迅速。

(二)「上訪事件」(群衆事件) 處置方法

1.提高哨兵執勤能力

近些年來中共武警部隊入伍的戰士年齡偏低，不夠成熟，

適應能力和應變能力都不夠強，單獨執勤能力也差，因此，中共武警部隊近些年來一直加強業務訓練。這種業務訓練包括業務心理訓練和業務素質訓練兩個方面。

業務心理訓練是指進行法制政策教育和光榮傳統教育，在藉由所謂的「教育」也就是政治「洗腦」之後，會使一般中共武警部隊的戰士增強光榮感和責任心。業務素質訓練是指哨兵的基本動作、執勤方法和情況處置，並透過訓練增強哨兵的業務性質，掌握各種緊急複雜狀況的處置方法。

2.查明上訪人員的組成

根據中共鄭州指揮學校發表的論文指出，上訪的原因決定上訪人員的組成，而上訪人員的組成對事態的發展具有重要的作用。所以，中共武警部隊對於上訪事件都是秉持這個原則去處置。

3.積極開展宣傳攻勢

根據中共鄭州指揮學校發表的論文指出，上訪人員由於各自經濟地位不同，所提出的要求也不一樣。所以必須根據情況採用不同的方法開展宣傳攻勢，才能收到良好的效果。

4.嚴密組織、靈活處置

根據中共鄭州武警指揮學校發表的論文指出，當上訪人員圍觀在大門口糾纏哨兵時，中隊應當首先派幹部趕到現場，協助哨兵處理狀況，防止事態擴大。同時報告上級，迅速集合部隊待命，並根據上訪人員的多少，組織部分兵力，把他們分爲幾段做工作，勸其離開；發現有人攔截首長車輛時，中隊應立即報告上級，並迅速帶領部隊趕到現場。如兵力充足，可站成人牆形成通道讓首長、車輛通過。如果上訪人員多時，衝擊強烈，我兵力不足以制止時，爲了防止意外可讓首長迅速撤離辦公大樓，待機動部隊到達後，再行處理，並加強警戒，根據指示做好善後工作。

（三）中共武警政治攻勢在突發事件之運用

根據中共武警特種警察學校論文可以得知有以下作法：

（1）政治攻勢與政策攻心：在處理突發事件時是以政策、法律宣傳爲主要內容，以喊話傳信爲主要形式，向罪犯展開心理攻勢。

（2）「攻心」與「迷惑」。

（3）婉轉與嚴厲。

（四）中共武警執勤方式之研析

1.建立防暴協同區

由總隊設立機動大隊， 支隊設立機動中隊，各縣市設立機動小分隊， 並劃分東西南北中等五個塊狀網路，建立防暴作戰協同區，各區之行動由總隊統一指揮。

2.實施「承包責任制」

（1）將巡邏區劃分爲若干片，由中隊的戰鬥班分別承包，各班明確任務後，深入街道、工廠、公共場所勘查地形，制定出行動方案，再分組承包。各小組在熟悉勤務後，再行劃段，分工專人負責。

（2）各「保衛科」、「街道居委會」建立承包責任制，地方負責保衛，警方負責打擊。

3.制定「衛哨勤務法」

（1）哨時交叉法。執勤哨兵和領班員在交接哨時，分別在單雙時辰進行。對角哨在單時辰交換，其餘在雙時辰交換，增加領班員和哨兵之間的見面次數，加強監視區的巡邏工作。

（2）領哨協同法。領班員和哨兵之間規定統一的聯絡信號， 明確相互間協同應急方案，以加強執勤人員自身的安全。

（3）三三結合法。一是「武警」、公安人員及聯防員三種力量結合的巡邏；二是武裝公開與隱蔽及警便衣相結合的三種形式的巡邏；三是機動車輛與自行車及徒步巡邏三種方式行進方法相結合。此執勤法可形成反應靈敏的總體防衛網路，提高執勤和機動作戰能力。

由上述可知，中共對「武警」的執勤任務做了相當的改革。若不論其因執勤任務繁雜而使訓練難以落實，其改革方針是相當值得參考的。

（五）內衛武警未來趨勢

目前中共內衛武警的組織編制，已發展為一支結構嚴密、裝備優良且擁有百萬兵力的武裝力量，亦即具備多兵種合成的作戰能力。目前中共中央決定將之作為一支能夠處理社會騷亂、暴動事件的「保安警力」。換句話說，其正逐漸取代民兵及部分城市駐軍的功能，尤其是近年來在江澤民主導銳意改革及擴軍下，內衛武警除可發揮鞏固政權作用，對維護「江核心」而言，更具有穩定的實質意義。

伍、中共武警部隊與國家經濟安全戰略關係

一、水電武警的首要性

（一）開發大西部「西電東送」、「西氣東輸」

中共國家水電部下轄水利工程局，共有二十個獨立作業的生簡建設工程隊，而其中同時歸中共軍委及水電局共同指揮管轄的武警部隊有四個，其工作能量比例佔了中共國家水電工程比例的20%。這四個武警水電為三峽工程指揮部、武警水電一

總隊、武警水電二總隊、武警水電三總隊。

武警水電部隊任務在負責大型水利水電工程及基本建設項目施工任務，並且根據中共國家需要，隨時處理突發事件及防洪度汛等功能，亦可接受民間委託進行工程建設，因此武警水電指揮部組建「中國安能建設總公司」對外營業。

另外，中共「開發大西部」中的重點工程項目就是「西電東送」，中共國家水電部將把發展的重點放在電網建設和經營上，大力推進全國聯網，繼續實施「西電東送」的發展戰略。而在2000年，將形成3條西電東送的大通道，輸電能力將達到400萬kW，其中，送往廣東的輸電能力將達到350萬kW。中共跨省區主幹網架的加強和完善，將使廣東、廣西、雲南、貴州以及香港、澳門之間的聯繫更加緊密，將使大陸南方電網的結構更趨合理，大電網的優勢和資源優化配置的優越性將會進一步得到充分的發揮。[7]

其次，「西氣東輸」工程被中共中央、國務院定調為洞點工程，並稱之為「開發大西部的序曲工程」，其澀寧蘭（青海澀北經西寧到蘭州）天然氣管道工程全長953公里，年最大設計輸氣量21億立方米，是利用大陸西部內陸的柴達木盆地的天然氣資源，來促進青海、甘肅兩省的繁榮。而中共武警水電部隊，承擔200公里的工程開發任務，而且是最艱辛、海拔最高的橡皮山等路段。再次，中共武警水電部隊還將調集兵力，承擔重慶市忠縣至湖北武漢段的700公里輸氣管的開挖工程。

---

[7]同註釋6。

（二）武警水電部隊地位的提高

中共武警部隊「參加和支援西部大開發領導小組」就是由其武警部隊副政委劉源（前水電武警指揮部政委，劉少奇之子）擔任領導，而其組成部隊就是黃金、森林、水電、交通四個指揮部（見附圖），而其中以水電基礎建設最爲重要。[8]其現任武警部隊副政委劉源少將，並沒有從軍的經驗，是由省級管理工業能源幹部直接接任水電武警政委，來提升水電武警的工作能量，因其績效卓著，直接晉任武警部隊的副政委（中將職），可見水電武警在武警部隊的重要性了。

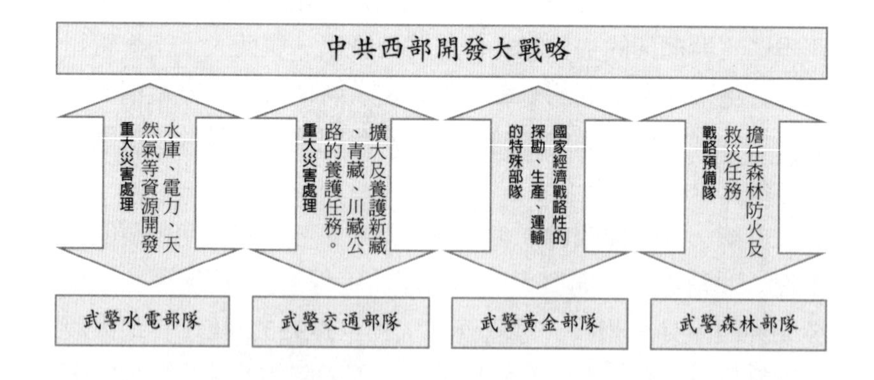

中共武警部隊的預算經費均來自政府的編列，但是其水電、交通部隊軍事性的開支費用，從1985年以來，都是從部隊自己的創收、生產來自負盈虧，而造成這兩支「經濟戰略」部隊在支持中共「開發大西部」的經濟戰略中佔據有生存與發展

8 《人民武警報》，2000年10月31日，一版。

的問題。另外，再經中共中央國務院、中央軍委批准水電交通部隊軍事性費用由國家負擔之後，更使得武警及交通部隊在武警部隊的預算大餅中有著一席之地，這些作法代表中共中央重視從事「經濟戰略」部隊的重要性。

（三）水電部隊的「處突」能力

中共武警水電部隊是中共唯一一支從事水利水電建設和大江大河「治理」的專業技術部隊。2000年4月24日，位於西藏海拔5,300公尺的拉雍察布雪山因雪崩造成山體滑動，將易貢藏布市河堵塞，這是中共境內建政以來發生最嚴重的山體滑動，造成該河上游4,000名藏胞被困，並形成一個巨大的堰塞湖。

經中共中央防總專家赴西藏拉薩勘驗後，需在堰塞壩上開鑿一條長1,000公尺、寬150公尺、深30公尺的V型字形導流渠，但風險極大，其土石方開挖量達150多萬立方公尺，超過中共三峽工程前期的土石方開挖程度，且時間緊迫。於是由中共水電武警部隊（三總隊）搶險主力，立即放下目前任務，配合武警交通總隊、解放軍工兵團，由武警部隊副政委劉源至西藏一線指揮，才陸續克服並完成其「任務」。所以中共武警水電部隊不僅是國家戰略的經濟戰略建設部隊，而且是「處突」中，重大天然災害、意外的首要部隊。

二、交通、黃金、森林武警部隊的根本性

(一) 交通武警以開發西藏為重點

交通武警部隊爲武警部隊參與西部大開發的四大支柱一，其工作重點在擴大及養護新藏、青藏、川藏公路的養護任務，而西部地區的施工總值必須佔全隊總產值的60%上，其目的是在國家安全戰略考量下，而大陸進入西藏的道路僅四條，即爲新藏、青藏、川藏(2條)，並無鐵路進入西藏，所以對西藏的控制能力相對上顯得薄弱，而建設擴大及養護新藏、青藏、川藏公路可以保護西部邊陲、少數民族地區的穩定性，使國土分裂、人民認同藉由西部大開發中的交通建設，活絡西部邊陲的經濟，大陸西部邊陲的少數民族可以享受中共改革開放的成果，更可以促使中共藉由交通網的開發，壓制、打擊地方「異樣」的聲音。

而交通武警部隊的軍事性費用的支出，已由中共中央負擔，不必自負盈虧，所以可隨時將部隊重點放置到較無經濟創收的「西部」，配合中央政策，執行經濟戰略目標。

(二) 黃金武警部隊為中共控制黃金產量的關鍵

中共在七〇年代末期，剛經歷「十年文革」的動亂，整個中共政權岌岌可危，大陸百廢代舉，急需黃金資源來充當國家的建設基金，所以黃金部隊於1979年成立於解放軍部隊，並於1985年改編入武警部隊，一開始就有五個建制單位(支隊)一

直駐紮於大陸西部四川、雲南、陝西、內蒙等。而在1988年又在新疆投入另一支隊，所以在中共開發大西部經濟戰略發動之前，中共武警黃金部隊已有六個單位在西部探勘。而從1999年武警黃金部隊大舉規模地進入到大陸西部的九個省區，並且在西藏尼瑪、新疆哈密、陝西寧縣、甘肅文縣找到15座黃金脈礦。

而以現今中共武警黃金三總隊爲例，其從1980年代起在中國大陸西部的開發探勘金礦，已達130噸，而95％以上的黃金礦床被中共開發利用。而一總隊負責東北的開發探勘金礦、二總隊負責華北的開發探勘金礦並沒有投入西部戰略性開發。中共武警黃金部隊屬於國家經濟戰略性的探勘、生產、運輸的特殊部隊，是全世界中目前唯一從事黃金探勘開採的特殊武裝力量。

（三）森林武警與中共林業資源

武警森林部隊主要職責是擔任森林防火及救災任務，其實其工作性質與各地的公安消防局（消防武警）有相類似，但因負責地區的敏感性，所以就突顯出武警森林部隊的相對重要性。

其駐守地爲黑龍江、吉林、內蒙古和雲南國有林區3,680多萬公頃和2,200多萬公頃草原的安全，這些保護地除了爲經濟重要資產地之外，更是戰略要點之處，其地緣政治得重要性相對於其他邊界更顯得重要，武警森林部隊的長年駐守，除了主要任務之外，更是作爲「處突」的戰略預備隊。

第四章　中國武警的未來挑戰

壹、外部衝突

一、指揮系統的矛盾性及組織衝突的必然性

由前述可以得知，中共武警部隊是由國務院與中共中央軍委雙重領導，如下圖：

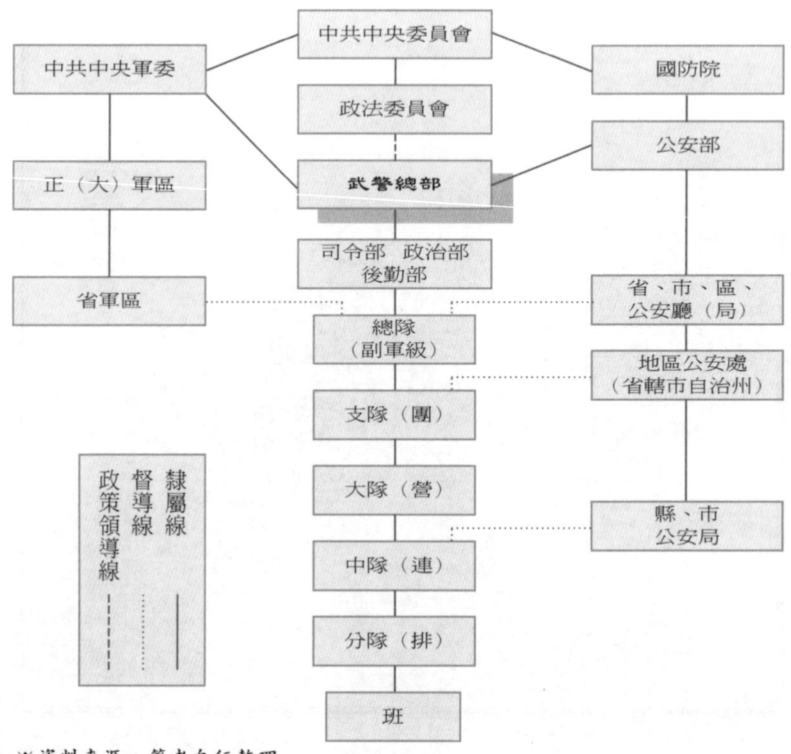

※資料來源：筆者自行整理。

中共人民武裝警察部隊隸屬於中共公安系統，受國務院、中央軍事委員會雙重領導。各級武警內衛部隊受當地政府和上級武警領導機關領導。武警邊防部隊、消防部隊歸公安部門領導。武警水電部隊、黃金部隊和交通部隊，業務上分別歸水利部、國土資源部和交通部等有關部門領導。武警森林部隊實行林業部門和公安部門雙重領導以國家林業局爲主、中央和地方領導以地方爲主的管理體制。邊防、消防、機動師、水電、黃金、交通和森林武警部隊的軍事、政治、後勤工作，均接受武警總部的指導，編制序列與內衛部隊大體相同。如附表：

表四　武警部隊隸屬分類表

警種	內衛	邊防	消防	水電	交通	黃金	森警	機動師
隸屬單位	武警總部（當地政府）	公安部	公安部	水利部	交通部	國土資源部	國家林業局	中央軍委
協調單位	各武警部隊的軍事、政治、後勤工作，均接受武警總部的指導，編制序列與內衛部隊大體相同。							

※資料來源：筆者自行整理。

由武警序列可以知道，中共武警部隊分別隸屬於六個單位指揮，而這六個單位又與中央軍委採雙軌領導，而在這些領導介面中，要將指揮權責明確或是命令貫徹一元化都是對中共武警內部的大考驗。

而在這麼多中共武警組織中，因其任務及其組成分子的差異性，導致彼此間有相當大的差異。所謂團體間的衝突是由團體認同、明顯的團體差異及挫折組成，而中共武警警種差異性極大，被中共內部稱之爲「金、木、水、火、土」或是「八路軍」[9]。而在各警種之間，成員因有相當大程度的內部認同，而彼此間又有明顯的團體差異，因此當挫折來臨時，如內衛武警部隊在1996年發生武警士兵殺害中共人大常委副委員長李沛瑤事件，導致當時的武警司令員和政委皆下臺的後果，對其內部組織而言是一相當大的挫敗。而相對於譽滿全國的水電武警第一總隊，是以水利水電施工爲主的部隊，其從1985年由解放軍基建工程部隊轉入武警序列後，已先後完成四川龍溪河上獅子灘、上硐、回龍寨、下硐四個梯級電站，大洪河、石棉、映琇灣水電站，參加了葛洲壩水電站初期準備工程和引灤入津、引灤入唐等工程建設，同時還參加了白龍江水電站、白山水電站和雲峰水電站、龍羊峽水電站的建設和龍灘水電站的勘測工作，曾被原基建工程兵、國家計委、中華全國總工會、能源部、水電部、電力部等授予「第一流基建隊伍」，「優秀施工部隊」等榮譽稱號，則成爲武警的樣版隊伍。

中共武警亦扮演著解放軍裁軍後的「垃圾桶」角色，1996年起，中共解放軍「改制」爲武警的概況表如表五所示：

[9] 中共武警部隊由內衛部隊、邊防部隊、消防部隊、機動師部隊、水電部隊、黃金部隊、交通部隊、森林部隊等八個警種組成，被人戲稱爲「八路軍」。

表五　武警部隊改制後概況

原屬軍區	原屬部隊番號	改制武警番號	駐地
北京軍區	27 集團軍步 81 師 38 集團軍機步 114 師 63 集團軍步 187 師	武警 81 師 武警 114 師 武警 187 師	天津市 河北定州 山西榆次
南京軍區	1 集團軍步 2 師 1 集團軍步 181 師 31 集團軍步 93 師	武警 2 師 武警 181 師 武警 93 師	江蘇宜興 江蘇無錫 福建莆田
瀋陽軍區	39 集團軍機步 117 師 40 集團軍步 120 師	武警 117 師 武警 120 師	遼寧淩海 遼寧興城
廣州軍區	42 集團軍步 126 師	武警 126 師	湖南耒陽
成都軍區	13 集團軍步 38 師 14 集團軍步 41 師	武警 38 師 武警 41 師	四川南充 雲南蒙自
濟南軍區	20集團軍步 128 師	武警 128 師	河南鞏義
蘭州軍區	21 集團軍步 63 師 新疆軍區獨步 7 師	武警 63 師 武警 7 師	甘肅平涼 新疆伊寧

摘錄自：陳梓龍，〈現階段中共裁軍與體制改革之研析〉，《國際戰略與國際研究》第1卷，第2期（1999年4月），頁39。

從以上改編情形來看，更造成內部的複雜性及矛盾，而在這相異性極大的組織內部中，其水平衝突是必然的，其型態如圖六所示。而在任務執行上卻有外部衝突的矛盾，武警本身之對內保衛功能相對於解放軍之對外攻防性質而言，是屬於警察的功能，在中共刑法體系上爲「公檢法」（公安部、檢察院及

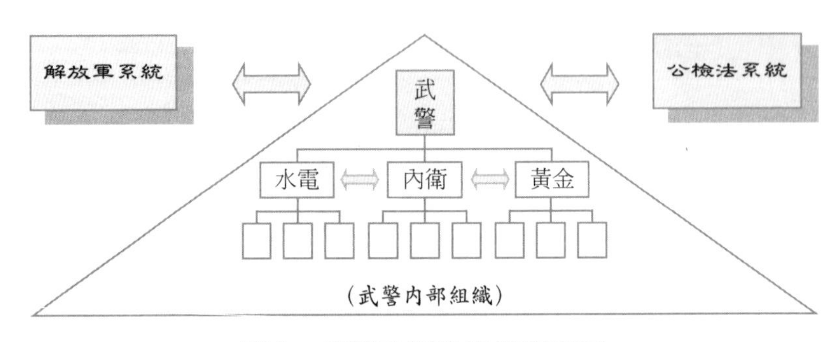

圖六　武警改編後組織問題圖

法院）體系，因此又歸中共中央「政法委員會」書記的政策領導，與中共中央軍委仍然形成另一套的雙重領導，兩方隨著領導人權力消長而相互抑制，時常造成政策與命令矛盾衝突。而在人事運用權上，武警司令員及政委的調派幾乎都是屬於中央軍事委員會的權責，歷任的武警司令員都是來自解放軍體系，而其教育訓練及裝備後勤補給都與解放軍相同體系。「公檢法」體系是無法提供其充沛的後勤預算及裝備保修問題的，更何況是人事升遷，所以「公檢法」體系命令武警執行任務卻不提供任何奧援，甚至於人事權責也不能直接干涉，兩者關係其實是貌合而神離，內部充滿矛盾及對立。

二、任務多重性與複雜度

中共武警部隊警種繁雜，任務多樣，除了負責維護社會治安，處置突發群眾事件外，還有消防滅火、黃金探勘、道路舖設維護、森林保安、國境維護、海關檢查、水庫大壩建設……

等，而且各地發生的天災人禍等大型事件一旦發生，武警部隊也往往是第一線投入的兵力。然而在處理許多意外事件時，卻因爲武警部隊沒有受過專門的訓練，使得救災需要付出許多慘重的代價。九○年代以來，大陸各地因水土保持不佳，黃河與長江洪水氾濫破堤的事件增加，而每當洪峰來臨時，武警部隊必先投入搶險，然而因許多堤岸工程品質不良，流失速度快，補強不及，因此常常可以見到武警官兵以肉身阻擋洪水的悲壯之舉。

全球同樣的警政機構或是軍事警察都沒有與中共武警相類似的武裝力量，唯有法國的憲兵與中共武警內衛武警部分相同。法國憲兵具有軍（司）法警察、行政（保安）警察等職權，平時維護社會安定及擔任防衛工作，戰時則支援軍事作戰，具多元化角色功能，但是法國憲兵也沒有生產、建設等單位。

中共爲了達到裁軍150萬的目的，將裁撤的解放軍單位大部分編入了武警部隊，造成武警部隊成爲四不像的怪獸，而且功能處處與其他功能相同的任務機關重疊，在全球軍事組織處於軍事革命之際[10]（Revolution in Military Affairs, RMA），中共

[10]什麼是「軍事事務革命」？依據最早提出這個名詞的美國國防淨評估辦公室的定義是：「軍事事務革命是由新科技的創新運用，結合軍事準則、戰法、組織理念嶄新的調整所帶來的重大變革，並從根本上改變軍事作戰的特性與實施。」「軍事事務革命」（Revolution in Military Affairs, RMA）在美國華府及國防學術機構中，已成爲流行術語。但是美軍卻將「軍事事務革命」發展描述爲科技事件，但從宏觀角度看來，科技僅是所有軍事事務的一小部分。

武警卻因中共內部安撫解放軍及控制社會所需，成爲解放軍轉型的過渡工具，致使武警內部問題叢生。當前中共武警部隊依任務性質分爲三類八警種，如下表所示：

表六　中共武警任務分類表

任務性質	內衛部隊，武警主要組成部分。（武警總部直接領導）			經濟建設任務及維護國家安全與社會穩定任務的部隊（受國務院相關業務部門及武警總部雙重領導）					列入武警序列，由公安部門管理的部隊。	
組成單位	武警總隊	機動師	總部直屬單位	特警	黃金部隊	水電部隊	交通部隊	森林部隊	邊防部隊	消防部隊
主要任務	承擔固定目標執勤和城市武裝巡邏任務、保障國家重要目標安全。	處置各種突發事件，維護國家安全與社會穩定。	支援國家經濟建設和執行搶險救災任務。	肩負反恐怖、反劫持、元首與重要外賓貼身警衛等任務。	黃金地質勘查、黃金生產任務。	國家能源重點建設，包括大中型水利、水電工程。	公路、港口及城市建設施工任務。	森林防火，維護森林治安及保護森林資源。	邊境檢查、管理和部分地段的邊界巡邏以及海上緝私。	防火、滅火任務。

※資料來源：筆者自行整理。

由上表可知，中共武警整個組織相當龐大，而武警總部能自行直接指揮運用僅有內衛部隊與總部直屬部隊，機動師則由中央軍委直接指揮，其他警種更僅是「掛羊頭賣狗肉」似地在武警序列中掛名而已。

貳、內部政治矛盾

一、共產黨絕對領導

依據中共的觀點，軍隊、警察、法庭等國家機器是其「人民民主專政」的堅強柱石，而毛澤東在1949年〈論人民民主專政〉一文曾說：「我們現在的任務是要強化人民的國家機器，這是指人民的軍隊、人民的警察和人民的法庭……」。而鄧小平在1979年3月30日發表「堅持四項基本原則」時指出：「在階級鬥爭存在的條件下；在帝國主義、霸權主義存在的條件下，不可能設想常備軍、公安機關、法庭、監獄等等消亡。……事實上，沒有無產階級專政我們就不能保衛，從而也不可能建設社會主義」。此外，中共強調：「政法機關是人民民主專政的工具，公安機關更是要害部門，組織上必須純潔，政治上必須堅強，必須同中央保持一致」。

1995年11月，中共領導人江澤民在北京地區考察工作時，向全黨首次提出「講學習、講政治、講正氣」的「三講」運動。之後江澤民在視察三軍部隊和參加軍隊各種會議時多次強調：「軍隊講政治，標準應該更高一些，要求應該更嚴一些。」

1999年，中共中央軍委作出決定，在軍隊中團以上領導班子和領導幹部中開展「三講」教育，此決定根據中共說法可以說是繼延安「整風運動」和「眞理標準」大討論之後一次新的飛躍。這是中共第三代領導人江澤民爲確立其「江澤民思想」在黨的歷史地位所推行的學習活動。而在2000年2月，江澤民在廣東考察工作時提出的「三個代表」重要思想，提出共產黨的「立黨之本、執政之基、力量之源」，更爲其在十六大召開之前，確立了其歷史地位，而中共中央軍委命令總政治部及時部署，全軍（含武警）普遍開展了學習實踐「三個代表」重要思想、保持共產黨員先進性的教育活動，黨委中心組學習、團以上幹部理論培訓、黨課教育等，都把學習、領會「三個代表」重要思想突出出來，落實到從嚴治黨中，軍隊黨的建設工作水平明顯提高。

由此可知，「武警」只是中共實行「專政」的工具，是一個政治角色工具，而江澤民更提出了強調選拔和任用幹部，主要看兩條：

> 第一條　「政治上的要求」，就是要「聽黨的話」，堅持黨的基本路線，有堅定的共產主義理想和社會主義信念，是真正的共產黨人。
>
> 第二條　「業務上的要求」，就是要有知識、有才能。而更可從武警高、中級幹部選拔任用、教育管理和素質培養等方面看出政治素質的重要性。

由此可以得知，武警是爲中國共產黨服務的，任何與共產黨相衝突的事物都是與武警相衝突的，而共產黨是高於人民、高於法制、高於國家內部一切的，如圖七所示：

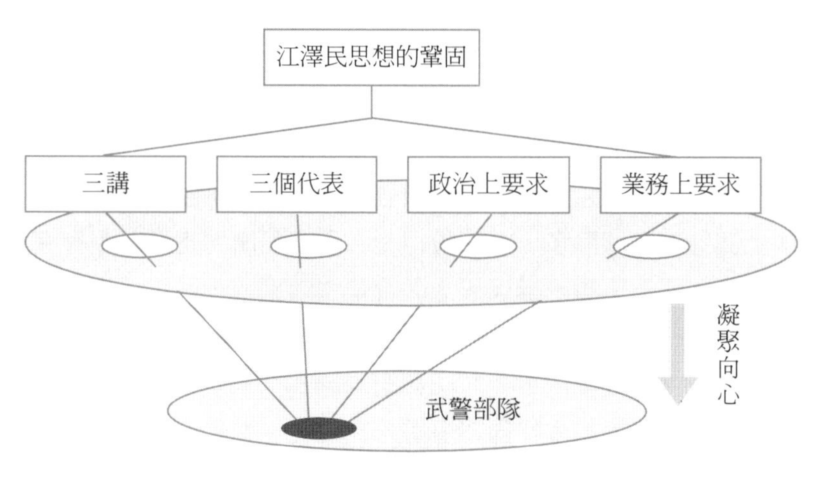

圖七　武警內部政治專制影響圖

二、領導幹部腐敗及訓練不足問題

（一）教育訓練不足造成內耗問題

中共武警部隊執勤任務繁重，而其部隊分子的組成主要是來自於義務役官兵，教育水準與解放軍一樣，但是中共把武警部隊定位成一支「執法護法的武裝集團」，依法執行安全保衛工作，自應對法律有更深的瞭解，也應對自身警察身分有更深層的體會。但是中共武警爲中共三大武裝力量之一，其單位建制、人員來源、教育訓練、軍事院校莫不與解放軍相同，甚至武警的中、高階指揮員，也必須在解放軍陸軍指揮參謀學院受訓，而後再至國防大學受訓[11]。從中共武警的任務分析，其主要任務爲內衛任務，專政對象是國內人民，與專門對外的解放軍大不相同。傳統的軍事訓練訓練出的是一個標準的士兵、參謀、指揮官、將軍，而警察教育則不一樣[12]，是以培養其專業能力爲主，以應付繁雜的法令，來保障人民權益。

由此可知，中共武警用於警務方面的教育訓練明顯不足，加上武警部隊據點多，戰線拉得長，涵蓋面廣，指揮聯繫存在一定的困難，軍事訓練與思想教育無法得到統一律定與嚴格落實。尤其基層幹部如班長、預備班長的培訓，由各支隊之培訓隊自行負責，培訓內容、方法與組訓形式都未能建立標準化的模式，以致武警部隊幹部素質遲未見提昇。幹部素質不佳造成許多問題，其中部隊領導幹部間的內耗問題可說是最嚴重的。

[11] 中共國防大學訓練的主體是基本系，主要招收師旅級指揮軍官和高級機關參謀軍官，學制一年。三軍校級軍官必須經過該系的培訓才能晉升爲將軍。國防研究系和進修系招收軍以上高級軍官和地方省部級高級官員，學制3個月以內，主要研究國防和軍隊建設問題。學校每年在中國人民解放軍與武警部隊副連職和技術13級以上的現役軍官或文職幹部中招收研究生，研究生院招收初中級軍官，學制2-3年，培養具有博士、碩士學位的理論研究人才。外國留學生是招收外軍中高級指揮軍官，學制3個月至一年。

[12] 目前我國的警察教育訓練包括養成教育、進修教育、深造教育及常年訓練，前三項分別由中央警察大學及臺灣警察專科學校辦理，而常年訓練係針對在職警察人員實施訓練的課程，由各警察機關分層負責辦理，區分爲個人、組合、特殊任務警力、專業、幹部及專案訓練等，除成立警察訓練基地，定期辦理幹部講習、師資培訓及特殊任務警力訓練外，其餘課目均要求各級警察機關結合日常勤務反覆磨練，以發揮統合力量，提昇員警素質及執勤能力。

所謂的「內耗」指的是「事物處在某種失序或不協調的狀態下，系統內部各個部分之間的作用相互抑制或衝突，關係沒有釐清理順，從而使各種力量相互抵銷」。綜觀武警部隊的內耗問題，可以分爲下列幾種情況：（1）貌合神離，不想在一起；（2）各自爲政，無法形成集體意見；（3）互相拆臺，相互攻訐，使工作難以推展。由於武警部隊的幹部有來自士兵提升的幹部，有來自武警院校畢業的幹部，也有解放軍移編過來的幹部，文化素質與出身背景南轅北轍，帶部隊的觀念與作法亦大異其趣，造成了幹部之間因認識上的分歧或目標偏重的方向不同，各自拉起自己的小圈子，找對方的毛病等，產生了許多糾紛與矛盾，某種程度上瓦解了武警部隊的內部凝聚力。

（二）貪污腐敗的形式主義

中共自十一屆三中全會鄧小平確立了「改革開放」總路線後，全國均「向錢看」，造成武警部隊與企業掛勾，甚至自辦企業搞「創收」。江澤民雖於1998年7月22日宣佈「中國軍隊不再經商」，從這一天起，中共解放軍、武警撤出商海。但在此之前中共光解放軍部隊就擁有70家汽車製造廠、近400家製藥廠及1,500家賓館。其營業額約每年近1,500億人民幣左右，相當於大陸GDP的2%。這部分收入大大補貼了軍隊的支出[13]，但

[13]美國《珍氏防衛週刊》（*Janes Defense Weekly*）透露，中國僅解放軍部隊就擁有70家汽車製造廠（占了整個中國的20%）、近400家製藥廠，以及1,500家賓館。在中國10個最大的被服生產廠家中，有四家爲軍隊控制和擁有。（美洲《文匯周刊》129期）（http://www.sinotimes.com/big5/100/129.htm#6）

也造成了部隊軍紀與訓練之廢弛。

但從中共武警部隊正式退出商業領域，「形式主義」就成爲了武警部隊努力在防止與克服的另一個大問題。因爲武警部隊經久未戰，長於經商，被社會這個大染缸感染了不少疾病，出現浮誇不實的官僚作風，逐漸腐蝕武警部隊。中共武警總部與總政治部爲清查解決武警各部隊中普遍出現工作隨意、盲目的情形，採下列方式來導正部隊風氣，以消除武警貪污腐敗、重視形式、作假的情形：

（1）「堅持以法治軍，嚴格按法律制度辦事，避免工作的隨意性」。

（2）「切實轉變工作作風，力戒漂浮」。

（3）「對上負責與對下負責相結合，服務基層與官兵」。

三、武警士兵問題

武警部隊實行義務兵役制，部隊士兵來自中國大陸各地，有來自大城市的，也有來自貧窮鄉村的，教育程度參差不齊，因此武警內部管理很難做到統一標準，何況是要依法從事。據中共武警內部研究，當前中共武警士兵有幾個重要問題如下：

（一）文化水準不同造成管教差異

來自農村的武警士兵多半是爲脫離農村而當兵，而其缺點則是農民意識強、思想狹隘、好鑽牛角尖。由於中國大陸城鄉差距過大，經濟落後的農村地區入伍的士兵特別多，由於其文化素質低，因而心理上的弱點比較容易突顯出來，如恐懼、性急、害羞、拖拉、依賴等。如農村士兵在執勤中常產生恐懼心理，發生槍枝誤擊、走火情形頻繁，並在緊張的環境中發生語言障礙，血壓升高，大小便失禁等症狀，嚴重妨礙執勤任務的完成。

來自城市的武警士兵則多半是因爲就業問題難而來當兵，希望當完兵能由國家安排工作，或至少可以混過二、三年再說，城市兵大多文化水準較高，能言善道，然而由於是獨生子，向來受父母寵愛慣了，說得多，作得少，或有人性情孤僻、軟弱、不合群，也有人花錢如流水，不知節制。

面對以上這些問題，武警內部的政治思想工作部門也已開始注意並謀改進之道，努力維持部隊的「純潔穩定」，預防矛盾激化和犯罪，唯面對中共改革開放之後，社會風氣的大幅轉變，越來越有力不從心之感。

（二）風紀問題

在警容風紀方面，自從1989年2月1日中共武警部隊換著新式87式警服、配戴警銜肩章後，仍有許多素質低落的武警官兵有警便服混穿、留長髮、鬍鬚等服儀不整情事，或在公共場所發生猥褻婦女、不守公德之事件，因此武警總部於1989年曾發佈武警總部十六號文件《關於整頓警容風紀的通知》，以思想教育爲主，結合內查外糾，消除部隊警容不整的現象。

武警採取義務兵役制，士兵年紀普遍偏低，自理、自控的能力也很差，而且多半都是剛出校園就走進軍營，該遵守的法律、規範等沒概念，好奇心倒是很強，面對社會上五顏六色、花花綠綠的事物，就不知不覺地受到引誘，進而去做一些違法犯紀的行爲，甚至有利用武警身分假公濟私一番的情形，長期累積起來對武警的形象造成了一定的傷害。

（三）一胎化問題

1970年代起，中國大陸由自由生育走向「一胎化」政策，於是從1990年代開始，部隊就開始出現獨生子女兵，而且比例隨時間推移而逐漸升高，1996年佔了23.6％，1997年爲31.2％，到了1998年更猛，增加到了42.5％[14]，時至今日，中共武警部隊中已有超過半數的兵員是獨生子女兵了。

武警各級訓練部門已發覺到一種現象，就是在危險課目的訓練方面，水準一直停滯不前，究其原因，很大程度上是因爲獨生子女兵們心理障礙重，擔心太拼命會出事，他們寧願不當「武狀元」，也不想成爲光榮的「傷殘兵」，這樣既無法跟父母交代，對自己好像也太不值得了。而在各級醫療衛生部門也發現，獨生子女兵到衛生隊就診的比例比非獨生子女兵多出兩倍。

獨生子女兵已逐漸成爲武警部隊新一代兵員的主體，將是21世紀保衛中共國家安全的重要角色，而新一代武警成員具有較高的平等意識、民主意識，競爭意識強，思想素質、文化素

[14]李長柱，〈解讀獨生子女兵〉，《中國武警》，第三十期（2001年2月版），頁21。

質較高，知識面廣，學歷也高，厭惡傳統動輒訓斥的帶兵方式，對每個行動都希望知道「爲什麼」，對中共武警傳統式的管教方式造成相當大的衝擊。

參、環境的劇烈改變

一、嚴峻的治安情勢

自改革開放以來，中國國內社會治安迅速敗壞，造成的因素有以下數種：

（一）益形嚴峻的失業問題

隨著大陸經濟發展，加上加入世界貿易組織、國營企業改革、公務員裁減等問題，大陸城鄉上億的下崗及失業工人嚴重的衝擊中共政權。

中共經濟學者鍾朋榮指出，以中共官方統計的失業率，再加上隱性失業、農村失業等部分，大陸的失業率大概有20％到28％，可謂十分嚴重。雖然在2001年11月中共順利加入世界貿易組織之後，將可提升大陸經濟成長率，GDP每成長一個百分點可增加約100萬的工作機會，但加入WTO之初勢必也會使大陸落後的農業、汽車、紡織、貿易、電訊等行業受到一定程度的衝擊，在外國低價與高科技競爭下，許多企業將倒閉，勞工將遭到裁員。

中共「中國科學院」國情分析室主任胡鞍鋼指出，大陸已進入高失業率的階段，國營企業在2000至2002年將有1,000萬至1,500百萬人下崗，同時地方政府也將有一半的公務員遭到裁撤，而這些吃慣大鍋飯的人如何能夠再就業，都是難題。失業率的上升，在經濟上導致了購買力衰落，影響到經濟成長，從而再減少就業機會，形成一種惡性循環，而下崗工人到處上訪、霸佔廠房、找政府或領導「討個說法」的作法也不斷，若地方政府處理不當，更會引發中、大型的群眾抗議事件，造成人心惶惶。尤其中共官員少有面對群眾事件的經驗，一旦碰到，總是先在心理上將參加群眾劃爲壞分子，亂戴帽子，冠上一些莫須有的罪名，然後再調動公安、武警等部隊予以鎮壓，或找出幾個代罪羔羊來「殺雞儆猴」一番，即使一時可將風潮鎮壓下去，但是人民的不滿只會更爲增強，並等待下一次爆發點來算總帳。

在農村中，由於過去吸收農村剩餘勞動力的農村企業在近年來高科技發展日益迅速的時代，很難與城市中的企業及外來的商品競爭，造成了農辦企業的大量倒閉，釋出許多無業盲流，加上農村季節性出現的外出打工潮，一起往沿海繁榮富庶地區流動，這是各地公安部門都難以掌握的一道人流，雖然帶來廉宜的勞動力，使沿海地區工、商業更加繁盛，但同時也使得沿海地區的治安情勢受到嚴重威脅，輕則發生竊盜、賣淫、扒竊案件，重則發生擄人勒贖、結夥搶劫殺人、搶銀行、販毒、販槍，無惡不作，歷次「嚴打」行動就是爲了因應這些情況而發動的。

（二）法紀觀念蕩然

中共建政以後，中國傳統的倫理道德已受嚴重破壞而難以恢復，共產主義崇尚勞動與奉獻的價值觀取而代之；在改革開放之後，傳統的共產主義價值觀也已瓦解，然而並沒有一個足以取代的新價值觀產生，因而造成人民道德與價值觀念的混淆，而在商品經濟金錢與利益等負面因素影響下，人性的貪婪完全地顯露出來，進而引發日益嚴重的違法犯罪浪潮。僅就八○年代初的一項統計資料就可看出刑事犯罪呈現逐年上升的趨勢：1981年全國公安機關刑事案件總數有89萬281件；1982年爲78萬3,476件；1983年開展第一次「嚴打」，當年刑事案件下降到61萬478起；1984年下降到51萬4,369起。但從1985年起發案次數又開始上升，1985年發生54萬2,005起；1986年54萬7,115起；1987年有57萬439起。至九○年代後情況只有加重而無減緩。據統計，1999年一年之間，全大陸公安部門共破獲刑事犯罪156萬7,000餘起，官員貪污、受賄與罪犯走私、騙匯、金融詐騙、製造仿冒品等經濟犯罪有3萬餘起，毒品犯罪也有在1999上半年即破獲11萬起。

處於經濟轉型與社會轉型階段的大陸社會，誘發犯罪的各種社會消極因素爲數甚多，對於人民信心也造成深重的打擊，唯中共領導人在外忙著合縱連橫，大搞「大國外交」，對內則忙於鞏固個人勢力，大搞「個人崇拜」，或爲之後政治接班問題大傷腦筋，要不就是將治安力量虛擲在對付一些在中共眼中比暴力犯罪分子對政權更具威脅性的非法宗教團體如法輪功之上，以致大陸嚴重的社會治安問題始終不能有一個較完善的解決方法。

（三）新興宗教問題

中共將不屬於官方控制的宗教團體一概稱爲「地下教會」、「非法宗教」或「邪教」，近年來受到中共注意並加以探查的有：1989年成立，擁有50萬成員，屬於基督教的「呼喊派」、「門徒會」；蔓延二十多個省的「主神教」與蔓延全國及海外的「法輪功」已被定位爲「邪教」；由羅馬教廷領導，中共所謂「天主教地下勢力」也遭到中共持續不斷地打壓和迫害

其中，「法輪功」是讓中共感受到最大威脅的一個宗教團體。1999年4月25日，上萬名「法輪功」信眾群聚北京中南海靜坐示威，要求合法練功，對此一「六四民運事件」以後首件的大規模群眾抗議事件（四二五事件），中共中央極感震驚，因公安、國安部門對此一事件事先皆完全沒有情報預判，以至江澤民大感震怒。事件後中共立即對法輪功進行調查，才赫然發現不僅已有爲數眾多的信徒分佈全國各地，大量黨政軍現職與離休幹部也參與了練功行列，法輪功的信眾號稱有1億，遠多於中共黨員人數，因此對中共專政統治與組織純潔性構成嚴重的威脅。中共遂決定對法輪功展開打擊行動，首先在7月22日定調，宣布法輪功爲「非法組織」，呼籲黨政幹部退出法輪功，二天後再發佈對法輪功教主李洪志的通緝令，並由全國人

大審議通過「打擊邪教議案」，將法輪功定爲「邪教」組織，並開始將法輪功成員逮捕拘禁、下獄、送交勞教等，強力鎮壓法輪功。然而法輪功根基已固，盤根錯節，海內外勢力龐大，不僅大陸國內法輪功示威、靜坐、自焚等事件不斷發生，海外信眾也對中共官員在海外的各種活動加以干擾、抗議，至今不斷。西方國家與人權團體也對中共鎮壓法輪功的暴力行徑表達關切與譴責，唯作用並不大。法輪功在可預見的未來，仍將繼續成爲大陸社會不安定的一個因素。

二、士官兵法紀觀念淡薄

隨著中共市場經濟的推行，商品經濟的價值觀念促使人們增強了注重實際、講求時效的思想意識，由於貨幣的特殊作用，物質文化生活的水準高低取決於個人擁有的金錢數量，因此一切向錢看、追求物質享受致使武警士兵與幹部崇尚物質生活，認爲當兵是件苦差事。

據武警河北滄州支隊對東光縣中隊的調查，要求轉服志願役者爲零，三分之一服役期未滿的士兵要求早日退伍，而大部分的幹部也認爲部隊非久留之地，應早作走的準備。這樣的例子在沿海富裕、發展速度快的地方已日見平常。

隨著商品經濟日漸發展，薪水微薄的武警士兵與幹部產生了自卑感和失落感，「當兵盡義務」的光榮思想淡化，部隊「艱苦奮鬥」的優良傳統也已不再，再加上受到社會上一些不良風氣、不良思想的影響，部隊中或有士兵自殺、強盜兇殺，或是幹部偷盜、詐騙、化公為私、損公肥私等經濟犯罪的案件皆不時發生，甚至有擔任看押工作的武警與人犯廝混，接受賄賂與招待等情事，造成武警部隊形象很大的傷害，中共中央亦曾因而下頒《關於黨政機關厲行節約制止奢侈浪費行為的若干規定》，試圖改革部隊整體不良風氣。

另外，由於武警部隊不同於多半駐紮在鄉村地區的解放軍，任務的需要使武警部隊的營區多半位在大、中城市的市區，因此造成在開發程度高的城市中，武警部隊的營區、機關、院校都被「燈紅酒綠」所包圍，幹部與士兵出問題的誘因多了。加上社會日趨開放，拜金主義、享樂主義、極端的個人主義盛行，士官兵腐敗、貪賄、犯錯誤的案例不斷發生，造成了武警部隊管理上的很大困擾。依據共軍武警內部宣傳文件說明，此現象為：「個人主觀價值觀念強了，自我控制觀念淡了；外向開放觀念強了，內向保守觀念淡了；效益觀念強了，唯命是聽、唯上是從的觀念淡了；實惠與利益觀念強了，義務觀念淡了；享樂觀念強了，艱苦奮鬥的觀念淡了；民主觀念強了，紀律觀念淡了；競爭觀念強了，依賴觀念淡了；致富光榮的觀念強了，官貴民賤的觀念淡了。」以上觀念的變化對於傳統犧牲奉獻、愛國愛民的軍風衝擊很大，也可以說是對傳統「左」路線的一個反動，然而卻也是現代改革開放進程中不可避免的現象。

三、打三假

由於武警部隊的車輛屬於公務車，享有免過路規費的待遇，因此許多人就把歪腦筋動到武警的車牌上，盜用武警WJ開頭的車牌、或非法買來武警制服招搖撞騙、或以武警企業的名義對外營業等。而在1988年初的深圳市第四屆人民代表大會上，25名地方人大代表聯名提案，呼籲駐深圳部隊要整頓軍容風紀，維護特區部隊的形象；在1994年初，廈門市27名全國人大代表聯名向市人大提案，指出駐廈門武警太亂、違法違紀問題太突出，要求整頓駐廈武警部隊等。武警官兵在營區外部、在公共場所發生的違紀甚至是違法的問題，已日益嚴重，引起武警高層高度的重視。

1998年2月21日北京中央電視台就播出福建廈門、泉州、漳州公路上出現大量掛僞軍警車牌的車輛，經計算一年國家損失2,100萬元過路規費，也對武警形象造成傷害。於是各地武警部隊開展「打三假」活動，所謂的三假就是「假武警、假武警車牌、假武警企業」。而中共武警部隊爲達到「正規化建設」的要求，維護武警部隊的聲譽和良好形象，也同時加強對武警部隊中違法違紀人員，和違章肇事車輛的教育與管理，保護武警官兵和人民群眾的利益。

根據中共有關法律法規以及解放軍的內務條令、紀律條令和《中國人民解放軍警備勤務暫行條令》等有關規定，並結合武警部隊實際情況，1994年4月，中共公安部下發了《關於加強武警部隊警容風紀糾察》和《車輛交通安全檢查的規定》，規定共軍與武警部隊的糾察、檢查工作，在公安部的領導下，統一由武警總部負責，由各省、自治區、直轄市武警總隊組織實施。凡列入武警序列的單位，以及著武警服裝的人員和掛武警車輛號牌的車輛，均應接受其糾察和檢查[15]，並在公路交通要道上設置舉報點，使「打假」形成制度，經由推動打假提昇武警部隊聲譽。

[15] 共軍警備工作，由中共中央軍委統一依律定執行，由各個省軍區獨自成立警備指揮部，管理查緝相關問題，而武警部隊雖隸屬解放軍系統，但有自己獨立的警備指揮部，對所屬武警部隊做全面性的管理。

第五章　結論

壹、綜合研判

貳、期許

壹、綜合研判

綜合前面各章節之敘述與分析可知，在中共的國家安全各層面中，武警邊防、內衛、機動、警衛部隊不僅是中共的內層保障，也是中共中央維護「政治安全」、控制社會的手段之一；在「經濟安全」方面，武裝警察部隊的黃金、水電、交通部隊是支持中共政權的經濟建設的先鋒部隊，也是緊急災難與戰爭來到時快速出動的處置力量；在「國土安全」方面，內衛武警、邊防武警與消防武警擔任著中共社會第一線的防堵犯罪及救災任務；在「軍事安全」方面，則以內衛武警、特警及機動師部隊爲平日保衛國防要害，戰時執行戰場安全與協助解放軍作戰的重要力量。所以中共人民武裝警察是一支具有政治性、軍事性、警察性、經濟性的多樣化武裝力量，不僅異於世界各國的等同性組織，也是中國歷代第一次出現的組織。

中共已將人民武警部隊法制化，其組織編成、行動準據、教育訓練已逐漸正規化、系統化，僅初級學校就有28所，而在1996年7月武警黨委會第二次擴大會議上所通過之「人民武裝警察部隊建設發展工作綱要」，計畫於五年內除現有之武警學院、指揮學校及各專業武警院校外，再增設56所武警學校及5所武警學院，爲再擴增100萬武警兵力預設訓練教育機構。

以上這些因素都說明了中共人民武裝警察已經成爲中共人民解放軍無法取代的社會控制力量，更成爲中國共產黨穩定政權的最大力量來源之一，更成爲中共經濟改革開放下社會穩定的最大力量。將以下列幾點做爲總結：（1）武警雙重角色；（2）雙重領導機制鞏固江澤民政權；（3）武警力量的遽變；（4）武警爲中共「國家安全」之重要保障；（5）武警爲攻台軍事行動主力之一。

一、武警雙重角色

武警部隊的領導體制與解放軍的領導體制不同，解放軍實行的是自上而下的垂直領導，不直接接受國務院領導，武警部隊雖主要由中央軍委指揮，但屬於國務院編制序列，由國務院、中央軍委雙重領導。

中共武警部隊警備工作是依據《中國人民解放軍警備條令》並結合武警部隊實際組織實施的，既具有與中共解放軍警備工作性質相同、任務相同的共性，又有武警部隊自身的特色。

中共武警部隊，從其武裝力量看，與解放軍有共同性；但從其執行任務方面看，卻與公安部隊相似，但是實際上武警卻又有別於軍隊和公安。一方面武警部隊擔負的是中共各地的內部安全保衛任務，另一方面由於武警部隊以武裝手段執行任務而必須按照共軍建軍思想（黨指揮槍）和建軍原則加強自身建設。從這些原則可以認清共軍武警部隊具有的三大要素：（1）指揮與後勤的軍事化；（2）職能與任務的警察化；（3）領導體制的雙重化。

（一）指揮與後勤軍事化

武警部隊是中共武裝力量的組成部分、武警部隊是以軍事手段執行中共安全保衛任務的武裝集團，藉由軍事的強制力，來履行自己的任務，並具有下列特點：

（1）武警部隊受中央軍委和解放軍各總部在編制、幹部、指揮、訓練及政治工作等方面的直接領導。
（2）按照軍事性質和任務需要配備武器、裝備和器材。
（3）按照執勤作戰的要求，實行兵役制、警銜制、文職幹部制度。
（4）執行解放軍的條令條例，實施正規、規範化管理。
（5）按照解放軍的供給標準，保障部隊的後勤供應。

（二）職能與任務警察化

武警部隊既是具有警察性質的「軍隊」，又是具有「軍隊」性質的警察。這種雙重性反映了武警部隊同解放軍之間既有共同性又有區別性，雖然都屬中共武裝力量，但其職能與任務並不相同——共軍軍隊是「國防軍」、常備部隊；武警是「治安軍」、地方部隊，主要負責「國內安全」保衛的使命。

（三）領導體制雙重化

共軍武警部隊建立以來，在中共中央由國務院、中央軍委雙重領導。

國務院對武警部隊的領導，主要是透過國務院有關職能部門組織實施。在執行公安任務和相關業務建設方面，武警總部

表八　共軍武警部隊警備工作指揮單位及協調單位一覽表

共軍武警部隊								
警種	內衛	邊防	消防	水電	交通	黃金	森警	機動師
隸屬單位	武警總部	公安部	公安部	水利部	交通部	國土資源部	國家林業局	中央軍委
協調單位	武警總部警備工作委員會（由武警總部、公安部邊防、消防、水電、交通、黃金指揮部、森警辦一名領導和武警總部的警務、保衛、運輸部門負責人組成）警備辦公室設在警務部。							

接受公安部的領導和指揮；各省、自治區、直轄市武警總隊及其以下武警部隊接受同級公安部門的領導。中共中央軍委對武警部隊的領導，主要是透過總參謀部、總政治部、總後勤部、總裝備部組織實施。而共軍武警部隊警種多，擔任城市警備工作相當複雜。

共軍武警部隊由內衛、邊防、消防、水電、交通、黃金、森警、機動師等八個警種組成（見表八），除內衛與機動師部隊直接歸武警總部領導指揮外，其他六個警種雖然列入武警部隊序列，但分別歸屬國家有關部委領導和指揮。如邊防、消防武警部隊歸公安部領導指揮；水電武警部隊歸水利部領導指揮；交通武警部隊歸交通部領導指揮；黃金武警部隊歸國土資源部領導指揮；森警部隊歸國家林業局領導指揮。

由於武警部隊警種之間的領導體系不同，武警總部對其他六個警種構不成直接業務領導體系，僅具軍事事務領導權。所以，中共武警部隊不僅有任務上的雙重角色，且在各警種之間尚存在著相當大的差異。

二、雙重領導機制鞏固江澤民政權

中共人民武裝警察部隊隸屬於中共公安系統。受國務院、中央軍事委員會雙重領導，由其政委及司令員的任命分別出自兩個系統，且相互制衡的情況即可看出。在歷史上，武警第一政委均由歷任公安部長兼任，而其司令原則上是由解放軍派任（見表九）

表九　武警歷任政委與司令員一覽表

中共武警部隊歷任司令員政委一覽表	
政委（由公安部長兼）	司令員（由解放軍晉升）
趙蒼璧	李　剛（北京衛戍區副司令員）
劉復之	李連秀（三十八軍軍長）
阮崇武	周玉書（二十四軍軍長）
王　芳	巴忠倓（上海警備區司令員）
陶駟駒	楊國屏（濟南軍區副司令員）
徐永清	吳雙戰（武警副司令員）

從上表可以得知，武警的最高領導人（政委、司令員）仍然由解放軍及公安部門相互競逐且互相制衡，其原因就是中共領導人江澤民希望透過強化武警力量，來遂行其兩個目的：

（1）控制大陸動盪不安的社會。中共在改革開放後其社會多元化，威脅到中共政權的穩定性，害怕重蹈1989年「天安門事件」利用解放軍屠殺學生事件，所以重用武警，來處理國內突發及上訪事件。

（2）制衡軍方。江澤民提升武警力量最大的反對者就是中共軍方。江澤民自知不是毛鄧式強人，不能以鐵腕控制解放軍，只好削弱解放軍力量並將武警提升爲第二武裝，以對軍方形成制衡之勢。

三、武警力量的遽變

（一）人員急速成長

中共武警部隊雖從1983年成立，但是其前身中國人民公安部隊於1949年8月成立時僅52萬人，發展至今據估計已達150萬以上的規模，兵力成長規模幾乎達到三倍。而人民解放軍從1949年後共裁軍九次，先後裁減兵力達700萬人，其總數目前則在220萬至250萬之間，衰退了四倍，兩者之間五十年來人員力量的對比高達十二倍。但由於解放軍將許多步兵部隊移編給武警，留在解放軍的多爲精銳的裝甲、摩托化、砲兵等部隊，節省下來的軍費可轉用於高薪科技武器裝備的採購選用上，對解放軍來講未嘗不是一個轉機。

（二）武器裝備大量更新

據中共公安武警黨委擴大會議決定，中央特撥了200億元，增配武警現代化裝備，包括80架直昇機、580輛裝甲車……等，換句話說，機動武警部隊從解放軍集團軍中的野戰部隊劃歸武警部隊之後，其武器火力已等同於一般的解放軍部隊；另外，中共領導人亦曾在九五年間提議，將武警部隊擴編，並配置予坦克、大砲等重型武器。其次，在治安維護方面，武警因政治地位上升而逐漸取得獨立辦案權，更設立「刑事技術鑑定中心」，舉辦刑事偵查專業訓練，建立武警刑事偵查的初步體系，使得中共武警不僅在武器裝備上有大量更新的情況，更更新使用了許多高科技新式產品備配。

（三）政治地位提高

1997年中共「十五大」，武警37名代表獨立於解放軍外自成一團顯示，武警部隊政治地位的上升。前任武警司令員楊國屏及現任政委徐永清都是在任內升遷爲上將，並成爲十五大中央委員，使武警位階相等同於正（大）軍區級。而現任司令員吳雙戰中將也是第一位成爲「中共中央綜合治理委員會委員」的武警成員。武警司令員進入中共最高治安領導機關意味著，武警在未來中共的內部控制中將扮演著更重要的角色。

四、武警爲中共「國家安全」之重要保障

對於堅持一黨專政的中共來講，黨即國家，黨的生存即是

國家的生存，國家的安全也就是黨的安全，因此不管是政治安全、國土安全、經濟安全或軍事安全，都是中共必須時刻警惕而面對的。

（一）政治安全

武警部隊作爲中國共產黨創造與領導的一支武裝力量，以「人民軍隊」的精神爲思想核心，乃是爲了保衛無產階級與勞動人民的解放而存在。因此，武警必須保衛無產階級利益的總代表（即中國共產黨）專政的安全與穩定，在任何情況下服從黨的命令，站穩階級立場，堅決打擊所有敵對的資產階級、社會內部犯罪暴力分子或人民群眾的內部矛盾，對這些主義社會中的壞分子「從快從重」予以嚴刑重罰，以求快速地恢復社會穩定秩序，維護廣大人民群眾、無產階級群眾的利益。

武警部隊從其前身「公安部隊」到歷次改編至今日的面貌，不論其名稱如何演變，在中共的國家安全上皆扮演舉足輕重的角色，從建政初期的「鎮反」運動，掃除全國無以數計的流氓地痞幫派敵特，有力地維持了中共新生政權的穩定；到後來改革開放後，在整頓社會治安的歷次「嚴打」行動上的大力參與，無一不爲鞏固中共政權立下了汗馬功勞。在中共「穩定爲壓倒一切的大局」的戰略思考下，不論是社會治安、反恐怖、反分裂鬥爭、政治異議的壓制、新興宗教團體的防制、突發性群眾事件處置等，都需要政治性高的武警作爲主力投入，首先確保內部秩序的穩定，才能給正在起飛中的經濟發展提供足夠的條件，並藉由經濟的發展滿足人民對生活品質提昇的渴望，進而消弭社會不穩定的因素，達到中共政權永續存在的最高目標。

六四鎮壓民運事件中武警雖然表現不盡理想，然而在中共以解放軍執行對內鎮壓人民的行動備受黨內外非議之後，「以武警對內，解放軍專力對外」的原則算是被正式確立了。武警部隊也因此受到中共在人員、編制、裝備上的大力傾注，期使武警在未來中共面臨的許多嚴峻社會情勢中能夠發揮穩定力量，並在重大事件發生時得以成爲中共維持政權生存的重要保障。總而言之，中共一切的軍事、政法作爲都是爲了黨的生存與發展而服務的，黨是國家行爲的最高決策者，也是國家行爲的最終受益者，一切威脅到黨控制國家的事情都會遭到嚴厲而毫不留情的打擊，以達成政治安全的最終目標。

（二）國土安全

武警邊防部隊對於中共漫長的邊境地帶的邊境保衛與治安維護具有重大意義。從建政初期起，公安部隊就配合解放軍參與過歷次韓戰、中印邊界戰爭、懲越戰爭等對外的邊境戰爭，維護了中共在許多有爭議的邊境地區領土的權益，也建立起對外安全的屏障，使中國歷代頭痛的外患問題減少到最低的程度。今日的武警邊防部隊身爲中共邊疆保衛的兩大主要力量之一，肩負著部分邊境國界守衛的任務，以及全國各對外口岸的入出境檢查業務，對於防止「內潛外逃」扮演著第一線關卡的角色，因此凡是進出中國大陸者，不論是經商、求學或探親旅遊，無不與武警邊防部隊有所接觸，受其過濾與監控。

另外，在國內部分，則由各內衛武警負責轄區內治安維護、打擊暴力犯罪、發掘潛藏在內部的恐怖主義與分離主義個人與團體，消弭所有危害穩定的不良因素，以使社會在穩定中繼續發展。

（三）經濟安全

除了武警內衛維持治安的功能之外，其他警種以其本身之專業，也對中共的國家經濟、基礎建設的發展具有相當程度的幫助，如水電武警在全國各地興建的中、大型水電站，以及現正進行中的「西電東送」工程，對於中共國家電力網絡的保障與東半部經濟繁榮地區的持續發展具有舉足輕重的地位。

1.水電武警

水電武警在西藏、雲南、廣西、甘肅等地進行的工程建設同時也帶來了供電、觀光、道路網的完善等周邊效益，對於開發大西部有著一定的貢獻。

2.交通武警

交通武警除了接受國家或民間委託從事的重要道路興建工程之外，還從事一般道路興建隊伍不願從事的偏遠地區高難度修路、養護工程，尤其是進入西藏高原的高原公路，以及邊疆地區的部分國防戰備道路，都是由交通部隊負責任務執行，可以說是「西部大開發」浪潮的先鋒部隊。

3.黃金武警

黃金武警的存在有著一定的歷史意義，在經濟困窘的革命年代，黃金部隊在全國發掘、開採的黃金資源有效地挹注國庫，使當年一窮二白的中共得有資金進行國內建設與國防武器裝備的發展，現在的中共已是世界上外匯存底最多的國家，國家財政問題雖然存在，然而其相當程度上已可稱富裕是不爭的事實。目前黃金武警開採的黃金數量相對而言已無太大的意義，然黃金部隊在全國範圍內進行的地質勘探、地質採樣研究、分析等工作，對於中共地質、礦業等產業仍然具有很大的經濟效益與價值。

4.森林武警

最後在森林武警方面，這支原本肩負著護林保林任務的部隊，任務範圍有日漸擴大的趨勢，從原本被動地對危害森林資源的案件進行處理與善後，到現在配合中共國家整體「退耕還林、退耕還湖、退耕還草」的方針，主動地進行林業、草原等自然資源的培育與再生，阻止沙漠化的繼續擴大，也試圖從根本上解決爲患多年的長江、黃河中下游洪患問題，可以說是中共對於向來忽視自然環境保護而帶來連串災禍的一大反省。

(四) 軍事安全

武警部隊是一支「亦軍亦警」的武裝力量，平時支援公安幹警對社會治安的維護，以及處置並鎮壓重大型群眾事件與突發事件，並警衛、守衛、守護國家重要場所、國防要害部位、重要領導人等；戰時則負責大後方治安維護，並在需要時對第一線作戰的解放軍提供戰鬥與勤務支援，遂行其戰地憲兵性質的勤務，並在必要時投入第一線作戰。武警的內衛部隊、邊防部隊、特警部隊與機動師部隊在這方面扮演較為重要的地位。

內衛武警與邊防武警的作為在前面段落中已有敘述，至於特警部隊，雖然人數比例極為微小，然而特警隊員以其萬中選一、體能與戰鬥技能「過硬」的特質，一方面發揮「嚇阻」犯罪的功能，一方面肩負起中共國家「反恐怖、反劫持」以及重要人士與外賓警衛的功能。在今日反恐怖聲浪高漲的國際情勢中，中共特警一方面與國外警界保持密切聯繫，情報互通有無，一方面保持對國內分離主義個人或團體的監視，防止任何可能的恐怖主義攻擊。至於武警機動師部隊，這支成軍已有六年的武警重要組成部分，平日並不執行任何內衛或執勤任務，以致於很難從表面上看出其究竟具有何種功能與重要性，然而這支部隊以其龐大的人數、集中的兵力優勢、持續不斷的全訓精練、部署地點的戰略重要性等特點，可以預判是將來中共在國內重大事件發生時用以處突、平亂的重要力量，而其具有的強烈軍事性質，更可能成為中共對外用兵時可資運用的一股重要力量，相當值得我們注意。

五、武警為攻台軍事行動主力之一

武警部隊作為中共國家三大武裝力量之一，與解放軍和民兵同樣肩負著對國家安全與確保國家利益的責任，這是經中共憲法正式認可的角色。

在國際法中，武警部隊以其嚴謹之紀律、指揮與編制，得以享有作爲中共國家正規武裝部隊的合法性，不論是對內執法或對外抗敵，甚至是進行對外侵略攻擊，武警都不會遜於周邊國家的國防軍力量。在這方面，中共於1996年起組建的十四個武警機動師部隊扮演著十分重要的地位。武警機動部隊以其迥異於武警其他各警種部隊的角色性質、部署方式與訓練內容，很明顯地具備了中共國防總預備隊的特性，不僅在處理國內政治鎮壓事件上具有充足的力量，對外戰爭時期亦可一方面安內，一方面支援前線作戰，靈活運用，使中共在歷次大裁軍之後，仍能有足夠人力進行傳統上熟悉的以人數取勝的人民戰爭，配合不斷進行裝備科技現代化的中共解放軍，可以充分具備打贏下一場高科技局部戰爭的條件。

在武警十四個機動師部隊中，除北京軍區與南京軍區各配有三個師，廣州軍區一個師，其餘的四個軍區都分配有兩個師。在東南沿海方面，有南京軍區駐宜興的第二師、駐無錫的第一八一師，與駐福建莆田的第九十三師，還有廣州軍區的第一二六師，此四個師無論在地理位置、訓練方式、部署方向上可以說都有針對台灣的性質存在。如駐福建的武警第九十三師（8710部隊）就持續地配合解放軍進行對台動武的各項軍事演練，並研討配合解放軍進行「反空襲作戰、登陸作戰、邊境地區反擊戰、戰區保障與後方安全保衛」等計畫，並與內衛武警福建總隊一起配合解放軍進行渡海作戰、武裝泅渡、搶灘登陸等實兵演習。駐無錫的第一八一師與廣州軍區的一二六師自

1997年，起亦於轄區內與解放軍配合實施「沿岸搜索、驅離射擊、防區鎮暴、內部安全保衛及反空襲、反登陸、反滲透」等戰術合同作戰演練，以驗證武警機動師部隊在濱海城鎮戰及登島戰中的機動、通信、野營、工兵、支援友軍作戰等能力。駐天津的第八十一師也於2000年於渤海灣濱海地區進行城鎮主要街道與重要目標封鎖圍控部署等「城鎮作戰」實兵演練項目。

這些武警機動師部隊的訓練目標多元，但絕不僅止是內部保衛、維護社會治安、或是大陸內地的處突而已。綜合觀察以上這些機動師部隊的演訓項目可以發現，中共在未來對台作戰的企圖中，武警將是中共手上一張很重要的牌。以下爲分析武警在對台作戰中可能遂行的意圖。

（一）支援解放軍登陸作戰

「有效嚇阻、防衛固守」爲我國台澎防衛作戰戰略指導，如果無法「決勝境外」，至少也必須做到「灘岸決勝」，殲敵於半渡之際。因此對於共軍而言，在台灣島上搶佔灘頭堡，進而將人員、裝備、物資源源不絕地送上島來，才是致勝的一步，也才有機會用共軍最擅長的陸戰方式掃蕩全島，獲取最後的勝利。而在戰史上的登陸戰經驗中，進行登陸的一方在兵力上至少須取得三比一的優勢，若要確保必勝則非十比一不可，以中共目前空降運輸能量仍顯不足、戰時空優無法確保的情況下，以船團進行傳統「萬船齊發」的登陸作戰就是唯一能選擇的方式。此時曾進行過渡海作戰、武裝泅渡、搶灘登陸等軍事訓練的機動師武警部隊也能提供大批受過登陸訓練的兵員，支援解放軍陸軍與海軍的登陸作戰，俾以最優勢的兵力進行灘岸決勝。

（二）遂行戰時憲兵勤務

如同世界其他國家的憲兵部隊一般，武警部隊具有「戰鬥支援部隊」的性質，在戰時保障軍事交通、運送前線部隊彈藥補給、偵察守衛、維護作戰地區民心、警衛軍事指揮官安全、維持部隊秩序、收容逃兵與俘虜等等，是武警部隊基於輔助第一線作戰部隊的作爲。武警部隊經常與解放軍部隊進行協同演練，在反空降、行軍、運輸補給、宿營、設障爆破等各種狀況下熟悉相互配合作爲與模式，以在實際戰場上發揮最大的效用。

（三）掃蕩綏靖作戰

武警機動師部隊除以上各種演練項目外，還有一個很重要的項目是「城鎮作戰」。在平日進行的城鎮作戰演練中，武警部隊協調地方公安機關，針對城鎮的主要街道與重點目標進行封鎖圍控部署的演練，藉由實兵實地演練，使部隊官兵熟悉現代城鎮戰的現實狀況。

因此，在中共的對台作戰計畫中，武警部隊將可擔任最後階段的掃蕩清鄉任務，在解放軍殲滅大部分的國軍海、空軍與陸軍裝甲、砲兵力量之後，武警部隊進入城市，一方面解除國軍殘餘部隊的抵抗，一方面建立起有效的控制與恢復治安，以儘快恢復島上的平靜，使「外國勢力」無處施力，沒有藉口干涉台灣的問題。

而且武警機動師以其警察之身分，可以立即進行角色轉換，從軍事作戰功能轉換到綏靖治安上，並以最快的速度在島上建立如同大陸各省、縣、市編制的內衛武警體系，將島上社會各層面予以深入的掌控，成爲中共遂行專制統治的工具，也成爲台灣人民置身專制統治的牢籠。此階段的武警反成爲中共鞏固統治的最主要力量，解放軍則降爲次要輔助武警維持治安的角色。

貳、期許

當前國內並沒有任何一本關於武警部隊的學術專著，而且中共內部本身因武警組建分屬部門甚多，造成中共內部對武警研究也無整合單位，以至於中國大陸本身也缺乏相關之專著，所以當前對中共武警的研究尙屬於萌芽階段。

中共人民武裝警察已成爲中共三大武裝力量之一，其武裝實力並不亞於任何世界民主國家中的軍隊，而在中共內部計畫攻台的文件中，武警部隊除負責中共內部重要政治、經濟目標警戒、邊境執勤、國內突發事件處置等任務外，將派出部分精銳部隊渡海參與攻台戰鬥，參與任務武警的武警部隊也已增加配備各種野戰武器，並加緊進行反城市游擊戰等特種訓練來看，爲因應此種特殊狀況，筆者在此有幾點期許：

1.研究中共武警風氣的提昇

當前國內武警研究只停留在情治單位的研究，如國安局、調查局、警政單位及憲兵，而一般大學院校或是公私立的研究機構都無固定學術單位來從事研究，如有研究也只是把它當成解放軍的旁支，然中共武警部隊從成立至今已經發展成150萬以上的超級武力，而其任務性質更是與中共的社會脈動及武力攻台計畫息息相關，而其在中共內部的政治力量更是不容忽視。所以，國內研究武警的風氣必須加以提昇，才能與武警部隊成長的速度相配合，並具體研判武警的未來走向。

2.建立兩岸軍事互信機制的前導

兩岸關係一直是國人關心的重點議題，而其在軍事方面最引人注意的就是當前扁政府所提出的「建立兩岸軍事互信機制」的議題。人民武警是中共第二大的武裝力量團體，其人員編制、武器裝備、教育訓練及後勤補給都與解放軍相仿，而其任務以控制大陸內部爲主，與解放軍負責對外發動戰役的建軍方向大不相同。這樣一個具有高度軍事性的執法機構其實是我與中共建立兩岸軍事互信機制的前導。

如果可以將我國具有同性質的機構，如憲兵、警政單位先與之交流，進而建立互信機制，則可避免雙方敏感之軍事機密相互洩漏之虞，但又同時可了解中共軍事的主要情形，並且在兩岸共同打擊犯罪的議題上，有更大的合作空間與期待。

3.取彼之長

國內當前推行國軍精實案已到一段落，而精進案也是箭在弦上。精實案中，疏退的軍士官雖有部分可以順利轉業，但仍有多數在轉型中碰到瓶頸，如果國軍可以採行共軍解放軍裁編爲武警的模式，將國軍兵力結構做一全盤調整，確定當前威脅後重新計算員額，釋放多餘的能量轉化爲維護國內治安的力量或是從事國家建設的單位，如：

（1）轉換精實案兵力爲具有軍司法警察身分的憲兵，投入維護國內治安的一環。

（2）轉換精實案兵力爲海巡署人員，擔負第一線的海防安全工作。

（3）轉化現有能量過剩的工兵、兵工及後勤單位成爲國家建設的骨幹，擔任「拼經濟」的第一線等。

以上這些建議都是我方可以思考的方向，如此則不但可以解決國防預算日益窘迫的困境，且可以讓精實案與精進案中疏退的軍士官適得其所，繼續爲國家建設與持續發展貢獻自己的心力。

參考書目

一、中文部分

中共研究雜誌社，《1998中共年報》。台北：中共研究雜誌社，1998年6月。

毛澤東，〈論人民民主專政〉，收錄《毛澤東選集第四卷》，北京：人民出版社，1960年9月。

Morris Janowitz著，《專業軍人》，洪陸訓、洪松輝、莫大華等合譯。臺北：黎明文化事業公司，1998年。

Richard L. Daft，《組織理論與管理》（Organization Theory and Design），李在長譯。臺北：華泰文化事業，1999年10月，初版。

中共中央軍委，〈評定授予現役軍官的標準〉，《中國人民解放軍軍官軍銜條例》。北京：國務院與中央軍委，1988年11月。

中共研究雜誌社，《2000中共年報》。臺北：中共研究雜誌社，2000年6月。

中共研究雜誌社，《中共十一屆三中全會以來中央首要講話及文件選編》。臺北：中共研究雜誌社，1983年4月。

毛振發，《邊防論》。北京：軍事科學出版社，1996年4月。

王玉民，《社會科學研究方法原理》。臺北：洪葉文化事業有限公司，1994年12月。

王厚卿，《軍事政治學》。北京，中國社會科學出版社，1991年。

王健民，《中國共產黨黨史》。臺北：漢京，1988年。

王勝鋒，《警備工作理論實務》。北京：國防大學出版社，1998年10月，第一版。
王景佳，《國防大典》。北京：國防大學出版社，1997。
李良棟，《穩定：壓倒一切的大局》。北京：中共中央黨校出版社，1999年8月。
李穀城，《中共黨政軍結構》。香港：明報出版社，1989年。
李學昌，《中華人民共和國事典》。上海：上海人民出版社，1999年9月。
武警司令部訓練處，《關於全軍教導隊訓練工作會議情況通報》。北京：武警司令部訓練處，1990年12月15日。
武警福建總隊幹部訓練班，《內衛勤務性質與特點》。福州：武警福建總隊，1990年8月。
武警總部，《1991年部隊管理教育工作指示》。北京：武警司令部，1990年。
金春明，《中國人民共和國簡史》。香港：開明書店，1991年。
洪陸訓，《武裝力量與社會》。臺北：麥田出版社，1999年。
徐發科，《中國警察法論》。長沙：湖南出版社，1997年。
高新，《江澤民的幕僚》。香港：明鏡，1996年11月。
國防部，《主要敵情彙報，第五五六號》。臺北：國防部，1983年4月。
張起厚，《中共公安系統調查研究》。臺北：法務部調查局，1998年。
張馭濤，《新中國軍事大事紀要》。北京：軍事科學出版社，1998年2月。

陳鴻瑜，《政治發展理論》。臺北：桂冠圖書公司，1987年10月。
彭懷恩，《比較歷史研究學派——杭廷頓》。臺北，正中書局，1991年。
景杉，《中國共產黨大辭典》。北京：中國國際廣播出版社，1991年5月。
鄧小平，《鄧小平文選（1975～1983）》。北京：人民出版社，1983年7月。
錢穆，《中國歷史精神》。臺北：東大書局，1995年。
龐松，《中華人民共和國簡史》。上海：上海人民出版社，1999年。
龔傑，《人民武警》。北京：軍事學院出版社，1985年。

二、期刊部分

〈中共八十萬武警新動作〉，《香港廣角鏡月刊》。1999年2月，頁40。
〈公安武警將擴至五百萬〉，《京華傳真》。2000年12月號，頁19-20。
中國武警編輯部，〈繼承鄧小平遺志，履行武警職能，努力爲保衛國家安全維護社會穩定作貢獻〉，《中國武警》第四期。1997年3月版。
中國武警雜誌社，〈問天下誰是英雄〉，《中國武警》第三十二期。2001年4月，頁7。
亢進忠，〈克服形式主義應選好切入點〉，《中國武警》第三十一期。2001年3月，頁27。
王法安，〈面向新世紀的突破與跨越——「九五」軍隊建設與改革回顧〉，《軍事歷史》第一〇九期。2001年7月。
王業洲，〈假警車栽倒閩西南〉，《中國武警》第十四期。1998年9月，頁49。
石修義，〈南疆橄欖綠〉，《中國武警》第六期。1997年7月版，頁19。
向陽，〈廢墟躍動橄欖綠〉，《中國武警》第六期。1997年7月，頁26。
朱琳，〈我們守衛的中北西南中〉，《中國武警》第六期。1997年7月版，頁17。
江河，〈五百里井岡鑄奇峰〉，《中國武警》第六期。1997年7月版，頁11。
宋興洲，〈民主化及其困境〉，《理論與政策》。臺北：理論與政策中心，民國1994年秋季號，頁20-23。
李長杜，〈解讀獨生子女兵〉，《中國武警》第三十期。2001年2月，頁21-23。
肖春華，〈港人回歸乘大鵬〉，《中國武警》第五期。1997年5月，頁5。
肖春華，〈精神世界的樂章〉，《中國武警》第十二期。1998年6月，頁4。
肖春華，〈築路大軍故事多〉，《中國武警》第三期。1997年1

月，頁21。
肖春華，〈鑄進三峽的生命〉，《中國武警》第三期。1997年1月，頁41。
周皓，〈雙休不閒〉，《中國武警》第三期。1997年1月版，頁58。
岳耀文，〈翻越白雪拉〉，《中國武警》第三十一期。2001年3月，頁37。
房書慶，〈精神豐碑育新人〉，《中國武警》第六期。1997年7月，頁9。
于風泉，〈幾種思想傾向及對策〉，《政工簡訊》第十九期。1988年8月20日，頁11。
林文程，〈第三波廿世紀晚期的民主化〉，《理論與政策》。臺北：理論與政策中心，1994年秋季號，頁131。
林雲安，〈警營廚師第一校〉，《中國武警》第十三期。1998年8月，頁58。
武警政委徐永清上將，〈新時期武警部隊建設的重要指導思想〉，《中國武警》第十期。1998年1月，頁5。
俞泳江，〈打黑除惡——武警重拳出擊〉，《中國武警》第三十二期。2001年4月版。
俞雨霖，〈共軍在最近中共政局演變中之角色及其未來動向〉，《中國大陸研究》第三十二卷第二期。臺北：政大國關中心，1989年2月，頁6。
段英師，〈貫徹落實政治工作四個重要文件必須全面準確地理解把握文件的基本精神〉，《政工簡訊》第十七期。1995年

7月20日，頁23。
洪陸訓，〈文武關係之理論、研究途徑和類型學〉，《東亞季刊》第二十六卷第一期。1994年7月，頁63。
洪陸訓，〈軍事專業主義之興起及其內涵——杭廷頓的軍事專業主義〉，《復興崗學報》第五十八期。臺北：政治作戰學校，頁1-3。
范步春，〈警民張網捕惡狼〉，《中國武警》第六期。1997年7月，頁13。
唐延，〈西域戍邊人〉，《中國武警》第六期。1997年7月版，頁18。
孫魁，〈會議傳達會議爭議〉，《中國武警》第十二期。1998年6月，頁47。
孫廣遠，〈部隊正規化建設的必由之路〉，《中國武警》第十期。1998年1月，頁36。
馬連成，〈江南水利水電公司〉，《水力發電》第八期。北京：中國電力出版社，2001年8月，頁2。
郭華倫，〈中國大陸問題的研究方法〉，《時報雜誌》第一三一期。臺北：時報出版社，1982年6月6日～12日。
焦萬瑜，〈要重視領導　解決領導班子中的內耗問題〉，《政工簡訊》第十八期。1988年8月10日，頁9。
雷立明，《中華人民共和國人民武裝警察發展歷程》。北京：軍事歷史，2001年第三期，頁40。
閻喜武，〈清剿義興寨〉，《中國武警》第二十九期。2001年1月，頁28。

蘇經龍，〈談武警部隊與公安機關的聯合組網巡邏〉，《武警學術》第六期。1987年，頁21。

附錄　武警機關與人事調查

——張起厚

武警部隊全稱「中國人民武裝警察部隊」英文為People's Armed Police（簡稱PAP）。目前分置下列機關：

（一）總部

武警總部是武警部隊最高領導機關；兵團級；隸屬公安部。在公安部的直接領導下，負責武警部隊建設的統一規劃和管理。總部配第一政治委員（由公安部長兼任）、司令員、政治委員和副司令員、副政治委員；機關設司令部、政治部、後勤部，分別負責軍事、政治和後勤保障工作。

部址：北京西北郊。

黨委

第一書記　賈春旺（公安部部長）

書記　徐永清（武警部隊政委）

副書記　吳雙戰（武警部隊司令員）

成員

朱成友（武警部隊副司令員）

張進寶（武警部隊副司令員）

朱曙光（武警部隊副司令員）

高文遠（武警部隊副司令員）

王福中（武警部隊副司令員）

隋繩武（武警部隊副政委）

張鈺鐘（武警部隊副政委）

劉源（武警部隊副政委）

陳傳闊（武警部隊參謀長）

李棟恒（武警部隊政治部主任）

劉世民（武警部隊政治部副主任）

張學福（武警部隊後勤部部長）

辦公室

秘書　葉智

直屬黨委

書記　胥昌忠

紀律檢查委員會

書記　張鈺鐘（武警部隊副政委）

專職副書記　朱新加（少將）

副書記　樹久雪

委員　莫固基（少將）

第一政委　賈春旺（公安部長兼）

政委　徐永清（上將）（前任　張樹田中將）

副政委

隋繩武（中將）

張鈺鐘（中將）

劉源（原任水電指揮部政委）（中將）

司令員　吳雙戰（中將）

副司令員

朱成友（原任成都軍區副司令員）

張成寶（中將）（兼前衛體協副主席）

朱曙光（中將）

高文遠（中將）

王福中（兼保密委員會主任）（中將）

參謀長　陳傳闊

副參謀長

張岳榮（兼保密委員會副主任）（少將）

王建平（少將）

馮守政（少將）（兼保密委員會副主任）

霍毅

劉紅軍

何旺林（少將）

武警部隊後勤保障社會化改革領導小組

組長　高文遠（副司令員）

王福中（副司令員）

士官制度改革工作領導小組

辦公室

武警部隊打擊走私和清理生產經營領導小組

該小組根據武警部隊黨委決定，於八十七年七月底成立，擔負指導、檢查、協調、監督武警部隊的打擊走私和清理生產經營工作。

組長　朱成友（副司令員）

副組長　張鈺鐘（副政委）

武警部隊參加和支援西部大開發領導小組

組長

副司令員　朱曙光

副政委　劉源

副組長

政治部副主任　陳獻智

後勤部副部長　呂一山

武器裝備領導小組

成立時間　據八十二年十一月二十五日人民武警報透露，該小組是在是月成立。

法源　該小組是根據「中國人民解放軍武器裝備管理工作條例」和「武警部隊貫徹前述條例補充規定」的精神，經總部首長辦公會研究並報公安部同意後始正式成立。同時，各總隊、支隊都須成立相應的組織。

組長　司令員　吳雙戰

副組長

後勤部長　張學福

小組成員　總部有關業務處室和各警總負責人。

武警部隊隨軍家屬就業工作領導小組

組長　隋繩武

副組長　副參謀長馮守政

諮詢小組

組長　李振軍

副組長　李連秀

李剛

何鴻葉

張永堂

張俊祺

婁殿英

申虎成

龔杰（病逝）

諮詢辦公室

主任　張永堂

武警部隊保密委員會

主任　王福中（副司令員兼）

副主任

張岳榮（副參謀長兼）

馮守正（副參謀長兼）

胥昌忠（政治部副主任）

王義成（後勤部副政委）

武警部隊愛國衛生運動委員會

主任　高文遠（前任　王文理）

副主任委員

王建平

胥昌忠

姬延芳

司令部辦公室

軍事工作研究室

研究員　孫魁

職改辦公室

計畫生育辦公室

主任　王維濱

外事辦公室

秘書　孫曉莉

警種部

水電交通處

處長　李哲訓

訓練部

部長　郭林青

副部長　李玉良

訓練處

處長　劉瑞英

院校部

部長　潘昌杰

院校處

處長　劉本德

警備指揮部　該指揮部原爲「武警部隊警容風紀交通安全委員會」，武警總部於八十五年九月，爲對武警部隊城市警備工作機構、多警種居住中等城市警備工作組織領導、警備執勤兵力和警備執勤人員著裝等問題作出統一部署發出通知，通知指稱「為與條令條例相適應，與解放軍城市警備工作相一致，各總隊原成立的警容風紀交通安全委員會統一更名為警備指揮部」，原委員會辦公室改為警備辦公室。為加強多警種居住城市的警備工作，在大同、大連、廈門、青島、深圳等十三個中等城市亦成立警備指揮部，設立警備辦公室，具體負責所在地區武警部隊警備勤務工作。警備執勤人員統一換著警官服裝，佩戴統一專用糾察標誌。

主任（副司令擔任）

副主任　張岳榮（副參謀長）

警備處

處長　梅興潤

作戰勤務部

司令部警務部

警務處

處長　夏福世

司令部通信部

部長　李開長

通信總站

副政委　周琦

司令部管理局

直工處

處長　王勝利

直屬政治部

主任　劉玉林（兼）

宣傳處

處長　孫魁

政治部

主任　李棟恒（中將）

副主任

祖書勤

陳獻智

張銘

方南江

胥昌忠（兼保密委員會副主任）

樹久雪（少將）

辦公室

政研室

副主任

劉樹榮

調研室

創作室

主任　劉秉榮（大校）

一級創作員

王樹增

幹部部（二級部）

部長　王文俊（原任該部副部長）

副部長

許世宏

幹事

萬靈武

幹部處

裝備部　該部原爲技術裝備處。

部長　楊俊生（女）（少將）（其父爲楊成武將軍）

文化部

幹事　孔祥秀（民國四十五年五月參加工作，歷任通訊員警衛員；四十九年入伍，任警衛戰士、警衛部隊幹部，曾多次立功）

文工團

團長　張吉義（上校）

副團長

張保和

文化工作總站

副站長　王莉

組織部

組織處

處長　李俊謙

黨務處

處長　歧海量

保衛處

鄭州勞動教養管理所 該所是武警部隊政治部唯一的一所特殊學校，專責接受該部隊勞動教養人員；勞教所列爲政治部直屬單位編制序列，由河南總部代爲管理，在業務上受政治部保衛處的領導；民國八十二年十二月七日上午在河南總隊召開成立大會。

副所長　范長松

群工處

處長　賈巨善

體工隊　以發展武警體育事業爲主要任務。

政委　吳年生

隊長　解洪烈

政工辦

主任　馬爾亮

散打隊

隊長　韓志成

電視製作部

電影發行總站

後勤部　該部轄有倉庫、療養院、廠礦等後勤單位。

政委　王宏運（前任　馮延齡少將　張銘）

副政委

張玉堂（少將）

王義成（少將）（兼保密委員會副主任）

高俊（少將）

部長　劉世民

副部長

王俊杰

林盛發（少將）

呂一山（少將）

張振遠（兼前衛體協常務理事）

陳鶴徐（少將）

張志華（少將）

參謀長　張明義

政治部

主任　丁榮錦

副主任　秦友來

運輸部（二級部）

油料處

處長　白茹青（解放軍後勤工程

學院油料科系畢業）

軍需部（二級部）

軍需研究所

政委　黃鶴文

後勤基地

政委　秦友來

主任　李根茂

業務處

副處長　賈恩成

保障大隊

副大隊長　魏奉軍

武警部隊軍人保險委員會　八十七年八月七日成立，辦公室設在財務部。

主任（後勤部部長）

基建營房部（二級部）

部長　蔣曉忠

企業管理局　據八十二年九月二日人民武警報稱，該局現有所屬企業六十多家，分佈在大陸十幾個省、市，經營範圍廣泛，有國際貿易、房地產開發、工業生產、礦山生產、加工業、服務業等。

局長　林盛發（大校）

總部機關幼兒園　民國八十五年五月三十一日

正式開園。

直屬支隊　該支隊擔負處突機動任務。

政委　王佐聯

副政委　李俊嶺

支隊長　李建國

副支隊長　宋立欣

參謀長　喬太和

政治處

幹事　潘邦華

（二）地方內衛部隊

據八十八年二月《廣角鏡月刊》指稱，根據國務院和中央軍委的決定，中央武警部隊所屬各省、直轄市、自治區總隊於是年全部升格為副軍級單位。

武警北京市總隊總隊長　楊德安（該總隊由原一、二總隊於八十八年二月三日合併組建成軍）

武警新疆總隊總隊長　梅興潤

武警內蒙古總隊總隊長　卻國嚴

武警黑龍江總隊總隊長　王良臣

武警吉林總隊總隊長　李本

武警遼寧總隊總隊長　王子卿

武警山東總隊總隊長　楊正武

武警天津總隊總隊長　楊家杰

武警河北總隊總隊長　陳本金

武警河南總隊總隊長　曹雲忠
武警湖北總隊總隊長　司久義
武警湖南總隊總隊長　張顯伯
武警江西總隊總隊長　崔陽生
武警安徽總隊總隊長　何映華
武警江蘇總隊總隊長　顧惠琪
武警上海總隊總隊長　辛舉德
武警浙江總隊總隊長　何虎
武警福建總隊總隊長　薛國強
武警廣東總隊總隊長　洪少虎
武警海南總隊總隊長　張寶光
武警廣西總隊總隊長　溫吉粼
武警山西總隊總隊長　譚華生
武警陜西總隊總隊長　王萬興
武警甘肅總隊總隊長　高文華
武警寧夏總隊總隊長　李海清
武警雲南總隊總隊長　黃譜忠
武警貴州總隊總隊長　王小龍
武警四川總隊總隊長　韓祥林
武警重慶市總隊總隊長　李思芳（因重慶市升格爲院轄市而於八十七年一月十六日改制爲總隊）
武警青海總隊總隊長　任金福
武警西藏總隊總隊長　牛志忠

（三）特警部隊

該部隊前身是民國七十一年七月二十二日組建的公安部反劫機特種警察部隊；據八十一年八月一日人民公安部指稱，它是由特種警察大隊與特種警察學校合一組成的新型武警部隊。他們的主要任務在擔負重要國賓、重大會議與慶典的警衛，以及執行空中執勤、機場排爆、處置劫機事件、追捕逃犯、平息騷亂和暴亂的任務。

（四）機動部隊

八五七〇部隊　該部隊地處滇西南山區。（1997.8.26.人武報）

八六一〇部隊　師級，該部隊駐紮遼寧省凌海市。任務轉換後，為提高部隊的訓練熱情，特由師團領導身著作訓服，在訓練場親自示範教學。該部隊設有攀登樓、捕殲滅術場、擒敵技術場、處突戰術場、投彈場、射擊場、器械場、障礙場及工兵、防化、炮兵訓練場等訓練場地。（1996.12.19.＼1997.2.6.＼1998.6.11.人武報）

政委　陳保民（1999.4.22.人武報）

副政委　薛世平（1998.8.25.人武報）

部隊長　于得水（患有腰椎間盤突出和骨質增生等疾病）（1998.9.3.人武報）（1999.9.30.人武報）

政治部

主任　崔永安（1999.3.27.人武報）

後勤部

部長　郭洛泰（2000.9.19.人武報）

農場

場長　劉景貴（2001.2.24人武報）

教導隊

大隊長　宮樹彬（2000.6.29.人武報）

八六一一部隊　該部隊駐守遼西閭山腳下，特警訓練基礎紮實，他們設計的飛車擒敵、解救與護送要員等科目獲總參訓練改革成果獎，軍用小鍬、鎬把格鬥術等科目曾被列爲全軍特警必訓科目，擒敵搏擊、攀登等多次在上級組織的軍事比武中奪冠，培養了一大批訓練尖子和優秀「四會」教練員。此次任務轉換後，該部隊積極向兄弟傳授經驗，幫助培訓，並加強實兵「處突」戰術演習。（1997.1.23.\30. 人武報）

政委　于芳華（1998.7.21.人武報）

部隊長　朱廉潔（1998.7.21.人武報）

副部隊長　滕萬明（1998.7.21.人武報）

政治處

主任　張洪斌（1998.7.21.人武報）

特勤連

排長　彭光偉（爲該部隊著名之訓練尖子）（1998.7.21.人武報）

衛生隊

隊長　吳非（2000.6.29.人武報）

八六一二部隊　該部隊駐紮遼寧西部偏僻的山區閭陽鎮。（1996.11.16.＼1997.1.2.人武報）

七連

班長　閻海濤（2000.6.29.人武報）

八六一三部隊　該部隊駐防東北遼西地區。（1999.9.30.人武報）

政委　郭康生（其前任是袁臨平）（2000.4.20.人武報）

部隊長　劉越（其前任是李占德）（2000.9.26.人武報）

營房股

助理員　魯全成（2000.6.29.人武報）

一營

營長　袁吉文（1999.9.30.人武報）

八六一四部隊　該部隊駐紮遼寧省淩海市；針對任務轉換，現正加強法制教育，組織官兵學習《警衛工作細則》、《中華人民共和國逮捕拘留條例》、《刑法》等法律常識。（1999.10.19.＼11.2.人武報）

通信連　該連駐紮石山鎮。（1998.7.9.人武報）

機炮連

九連

指導員　王洪濤（2000.6.29.人武報）

八六二〇部隊　該部隊爲共軍瀋陽軍區第四十集團軍步一二〇師，駐防遼寧興城（遼西省山腳下）。該部隊因駐地爲海濱城市，河流眾多，抗洪任務重，兵員又以北方人爲主，由於旱鴨子多，因此特注重海訓，海訓場設在渤海碣石海濱。（2000.8.8.人武報）

政委　亢進忠（2000.5.13.人武報）

副政委　馮紅生

部隊長　黃繼征（2000.5.13.人武報）

副部隊長

黃繼征（調升部隊長）

張坤（1998.9.10.人武報）

團長　孫志民（1998.4.25.人武報）

參謀長　夏向慶（2000.6.27.人武報）

後勤部

軍需科

科長　孟凡仲（2001.2.24.人武報）

工兵營

防化連

指導員　葛永軍（1998.6.4.人武報）

八六二一部隊　該部隊四連，在韓戰時建有光榮戰績，曾搗毀南韓白虎團團部，擊斃團長，繳獲該團團旗。（1997.10.9.人武報）

政委　高振華（2000.4.25.人武報）

後勤處

處長　李明銀（少校）（1998.6.13.人武報）

九連

連長　張豔春（1998.12.29.人武報）

特功四連　該部隊駐紮在遼西鳳凰山。（2000.10.21.人武報）

連長　陸維國（2000.4.20.人武報）

副連長　王明勇（2000.4.20.人武報）

八六二二部隊

政委　趙國政（1999.1.23.人武報）

部隊長　吳景韶（2000.6.27.人武報）

政治處

主任　秦希峰（2001.2.8.人武報）

二連

連長　劉成勇（1998.12.29.人武報）

八六二三部隊

政委　程偉

副政委　王玉民

部隊長　劉志堅（2001.2.24.人武報）

副部隊長　田喜友

政治處主任　汪春彥（1996.12.21.＼1997.1.25.＼9.9.人武報）

第三營

八六二四部隊　該部隊駐守在渤海灣，駐地附近爲國家級森林公園龍背山。（1999.3.11.人武報）

政委　吳永平（1997.7.7.人武報）

政治處

主任　范曉國（1998.6.30.人武報）

特勤連（1998.4.28.人武報）

八六三〇部隊　該部隊原爲共軍第二十七集團軍步八十一師，在任務轉換後，立即在天津市河東區駐地進行換裝演訓，尤其是對械具使用、擒敵技術、處置突發事件、捕殲滅戰鬥等課目進行加強訓練。

部隊長　石海毅（前任　趙粉寶、楊正武大校）（1999.10.14大武報）

副部隊長

丁金林（1999.4.22.大武報）

陳慶振（2000.11.4.大武報）

政委　孫建雲（1999.11.27.大武報）

副政委

董新澤（2000.10.7.大武報）

參謀長　陳慶振（1999.7.22.大武報）

副參謀長

張照（2001.2.24.大武報）

政治部

主任　徐魯海（2001.2.10.大武報）

後勤部

部長　侯福生（2000.9.5.大武報）

八六三一部隊　該部隊在任務轉換後，爲提高部隊快速反應能力，正強化各項戰備演訓中，期在遇到突發事件時，部隊能拉得動、出手快、聯得上、打得響。因此對通信、偵察、彈藥、衛生和技術等方面工作，實行定位、定車、定物，保證官兵能在十五分鐘內攜帶各類武器裝備和攜行物資集合、登車、出勤。該部隊駐紮天津市城郊結合部河東區衛國道旁附近。（1998.9.12.大武報）

政委　紀學杭（2001.2.24.大武報）

部隊長　趙粉寶（1999.3.9.大武報）

副部隊長　趙繼東（1999.2.25.大武報）

參謀長　葉政修（1999.7.13.大武報）

副參謀長

米雙慶（2001.2.8.大武報）

八六三二部隊　該部隊駐防河北省。（1996.11.16.人武報）

現正組織有關人員研究在現有條件下提高處突能力的有效方法。（1997.7.12.人武報）

政委　吳永平（2000.10.21.大武報）

部隊長　張九雙（2001.2.24.大武報）

參謀長　張金美（1999.10.19.大武報）

三營

二連

連長　程朝陽（1998.12.29.大武報）

特勤連

連長　林冠軍（1998.12.29.大武報）

八六三三部隊　僅知該部隊擁有機砲營，部隊駐紮華北。
（1997.3.6.＼3.29.大武報）
政委　鄭軍輝（2000.7.18.大武報）
部隊長　李春光（2000.7.18.大武報）
副部隊長
姚仕良（2000.7.18.大武報）
政治處
主任　張衛星（1997.11.13.大武報）
組織股
股長　于斌（1997.11.13.大武報）
一營
教導原　王強（1997.11.13.大武報）
機炮連
八六三四部隊　該部隊駐紮天津立飛線纜有限公司隔壁。
（1996.11.23.大武報）
政委　尙力峰（2000.2.17.大武報）
部隊長　劉建軍（2000.2.17.大武報）
八六四〇部隊　該部隊原爲共軍第三十八集團軍步一一四師，官兵原爲砲兵專業，由於任務轉換，大砲換警棍，因此該部隊特針對具有砲兵專業的四十餘名連排幹部，進行自動步槍、班用輕機槍的射擊以及四〇火箭筒射擊、刺殺等內容進行教學法集訓，以提高該等任教和組訓能力，以使部隊儘速能擔負機動任務。此外該部隊並自八十五年九月中旬開始，在全部隊展開「熱愛武警部隊，當好忠誠衛士」系列專題教育，以逐層統一思想，適應任務轉換，實現思想轉換。部隊駐紮河北省定州市。（1996.10.3＼12.28.＼1997.2.16.大武報）

政委　肖振富（前任　馬炳泰）（2000.11.4.大武報）

副政委　欒杰（1998.9.1.人武報）

部隊長　孟洪喜（前任　牛志忠）（2000.10.4.大武報）

副部隊長　李宗琪（1998.9.1.大武報）

參謀長　孟洪喜（調升部隊長）

政治部

副主任

　向宏艾（2001.2.24.大武報）

組織科

　科長　許勝堯（1998.7.14.人武報）

五連

　連長　鄭宏偉（1998.9.15.人武報）

防化連

八六四一部隊　該部隊自去（八十五）年冬即進入華北平原進行軍事訓練。（1997.1.2.人武報）部隊居住在冀中平原西北部的太行山腳下，這裡遠離村莊、遠離城市，自然條件比較差，營房駐地大都是沙地。（1997.6.24.人武報）

政委　許勝堯（前任　劉建忠）（2000.7.29.人武報）

副部隊長　徐貴華（1997.10.2.人武報）

作訓股

股長　王洋（具實戰經歷）（1999.2.13.人武報）

偵察排

迫擊炮連

排長　李毅（1998.12.29.人武報）

八六四二部隊　該部隊駐紮河北省定州市，爲使官兵在任務轉換後，在處置突發事件及維持社會秩序時，能正確使用法律，現正由定州市司法局派員加強法制教育。（1998.11.23.＼12.14.人武報）

政委　林軍（前任　黎倫發）（2000.2.17.人武報）

部隊長　李宏偉（2000.2.17.人武報）

參謀長　宗寶泉（2000.2.17.人武報）

偵察連　該連將中國武術訓練方法引進部隊訓練官兵戰技。（1998.4.28.人武報）

八六四三部隊　該部隊現因任務轉換，正強化軍紀教育中，期藉此消除一些臨近退伍的老戰士，感到再學習新的軍事技能沒用了的心態。據資料研判該部隊駐防在太行山老區，該部隊與石家庄第一職業中學共建。（1996.10.1.＼17.＼1997.6.10.人武報）

部隊長　閻文利（1998.9.15.人武報）

通信連

指導員　楊勝躍（1998.7.11.人武報）

八六四四部隊　該部隊駐紮河北省望都縣。（1997.1.7.＼9.人武報）

政委　張智華（前任　張兆如）（2000.1.20.人武報）
部隊長　劉書來（前任　邢偉志）（2001.2.24.人武報）
副部隊長
　李廣策（2000.7.20.人武報）
司令部參謀 李聯萬（1998.12.29.人武報）
政治處
四連　該部隊尖刀連。（2000.7.20.人武報）

八六四五部隊
　四連
　　排長　何春光（擅長步、機槍射擊）（1998.7.23.人武報）

八六五〇部隊　該部隊原爲共軍第六十三集團軍步一八七師，駐防山西榆次。（1997.1.5.人武報）
政委　張如平（前任　宋廣義）（2000.6.20.人武報）
副政委　郭金柱（1999.2.13.人武報）
部隊長　張全美（前任　李海清）（2000.6.20.人武報）
政治部
　主任　盧成元（前任　張如平）（2000.7.8.人武報）
　副主任　王亞平（1998.8.4.人武報）
教導隊
　副隊長　唐由生（1998.12.29.人武報）
機砲連
警偵連
防化連

連長　姜敏（1998.12.29.人武報）

通信營

無線連

排長　吳培勝（1998.12.29.人武報）

八六五一部隊　該部隊所屬二連前身是葉挺領導下的紅軍。（1996.10.17.人武報）

政委　黃志遠（1997.5.8.人武報）

部隊長　崔守禮（1997.5.8.人武報）

衛生隊

隊長　馬進軍（2000.7.22.人武報）

八六五二部隊　該部隊現正針對新任務，組訓官兵強化機動作戰能力，以適應處置突發事件。目前，該部隊在應急分隊的實戰演習中，官兵在戰術對抗和默契配合訓練方面，深獲作戰訓練機關好評。該部隊駐紮山西太原。（1998.11.28.＼1997.6.15.人武報）

政委　韓勇先（1999.1.5.人武報）

部隊長　劉長餘（1997.6.15.人武報）

九十二分隊

分隊長　王安宏（1997..15.人武報）

八六五三部隊　該部隊駐防山西省榆次市庄子鄉附近。（1999.3.11.人武報）

政委　李延海（1997.4.27.人武報）

八六五四部隊　該部隊駐防山西農業大學附近。（1996.12.3.人武報）

政委　盧江輝（1997.4.19.人武報）

部隊長　王倫（2001.2.24.人武報）

八六六〇部隊　該部隊原駐防新疆天山深處伊黎河谷，任務轉換後，開始加緊訓練部隊應急機動鎮暴能力。該部隊有六個農場。八十八年年初，該部隊奉命移防至伊寧市區。（1996.11.5.＼28.＼1999.1.26＼2.25.人武報）

政委　徐田有（前任　程再仙）（1999.2.25.人武報）

副政委　石杏生（1999.7.20.人武報）

部隊長　王成（前任　樓文偉、孟宏喜）（2000.12.9.人武報）

副部隊長

宗益祥（2001.2.24.人武報）

李洋（1997.7.19.人武報）

參謀長　鄧強國（2000.8.5.人武報）

副參謀長　劉久興（2000.9.5.人武報）

政治部

主任　尤清波（1997.7.19.人武報）

保密員　該職位雖不高，但掌管司令部印章大權，批發士兵休假通行證。（1999.11.16.人武報）

專業警士　李振濤（1999.11.16.人武報）

修理所

所長　徐家勤（1999.3.4.人武報）

副所長　孫會軍（1999.3.4.人武報）

八六六一部隊　該部隊駐紮伊寧市，團級兵力，擔負城市武裝巡邏和處置突發事件的任務。（1999.6.2.＼7.21.人武報）

政委　劉兆昌（2000.5.11.人武報）

部隊長　柏興漢（2000.5.20.人武報）

二營　是該部隊處突的尖兵，長期擔負戰備値班和快反任務。

黨委會

副書記　趙國慶（2000.5.11.人武報）

副營長　王希華（2000.5.11.人武報）

八六六二部隊　該部隊駐紮新疆南北天山交匯處鞏乃斯草原。（1997.2.18.＼1999.10.21.人武報）該部隊爲增強處置突發事件及應急機動能力，特在南北疆間沙漠荒原，進行遠距離機動和生疏地域應急訓練。（1997.7.19.人武報）

政委　田鳳軍（前任　劉瑞山）（2001.2.24.人武報）

副政委

郝志義（2000.10.24.人武報）

部隊長　劉明榜（1999.11.2.人武報）

副部隊長　茆庭春（2000.4.13.人武報）

政治處

主任　任越（1998.9.24.人武報）

迫擊炮連

連長　蕭玉寶（1998.12.29.人武報）

八六六三部隊　該部隊駐紮天山腹地尼勒克縣木斯鄉，該地屬山川、河谷和戈壁交錯地帶，由於氣候惡劣、交通不便、訊息閉塞等原因，致使世居在這裡的維吾爾、哈薩克、蒙古、錫伯、回等二十四個民族的9,000餘農牧民生活十分困難，是大陸典型的特困鄉。（1997.8.2.＼1998.9.29.人武報）

政委　周浴輝（1998.7.14.人武報）

參謀長　楊迎山（1999.9.23.人武報）

通信連

八六六四部隊　該部隊隸屬八六六〇部隊，有功臣團之稱，駐紮伊黎州地區。（1999.4.22.人武報）

政委　雷慶全（2000.8.5.人武報）

部隊長　趙金池（2000.8.5.人武報）

副部隊長

章立果（2000.8.5.人武報）

八六七〇部隊　該部隊駐紮寧夏六盤山地區，部隊現正勤練處突技巧，以適應新的任務。（1997.3.15.＼4.1.人武報）（2001.3.17.人武報）

政委　劉春灝（前任　姜德福、劉學政、吳建民）（2000.7.15.人武報）

副政委　徐田有（1997.1.2.人武報）

部隊長　施文求（前任　王萬興）（2000.7.15.人武報）

副部隊長　趙國民（1997.1.2.人武報）

施文求（調升部隊長）

參謀長　趙旭（1998.10.6.人武報）

政治部

主任　朱宗立（前任　李峰）（2000.11.28.人武報）

後勤部

部長　李杰貴（前任　陳天讓）（2001.2.24.人武報）

教導隊

中隊長　劉洋（1998.12.29.人武報）

防化連

八六七一部隊　該部隊駐紮寧夏六盤山地區。（2001.3.17.人武報）

政委　郭玉（前任　陳發金）（2000.8.26.人武報）

部隊長　劉才文（前任　鄧朝發）（2000.8.26.人武報）

副部隊長　邵海寧（2000.8.26.人武報）

司令部參謀　路志斌（1998.12.29.人武報）

後勤處

處長　張彥洲（2000.8.26.人武報）

八六七二部隊　該部隊駐紮寧夏六盤山地區，該地是大陸最貧困地區之一，自然條件差、交通不便。

政委　林興科（2000.11.21.人武報）

部隊長　聶廣進（前任　張旭）（2000.11.21.人武報）

政治處

主任　張保民（1998.6.13.人武報）

二營

營長　于希軍（2000.11.21.人武報）

八六七三部隊　該部隊地處陝、甘、寧、晉、蒙交匯處的陝北重鎮，官兵分布在四個點上，是沒有圍牆駐城鎮部隊。（1997.9.4.人武報）

政委　吳建民（2000.10.24.人武報）

參謀長　盛興全（2000.2.15.人武報）

第五連　該連曾被授予天德山英雄連榮譽稱號。（1997.5.10.人武報）

八六七四部隊　僅知該部隊駐防大西北，政委是朱宗立，擁有一個雷鋒連。（1996.12.3.人武報）

政委　劉毅民（2001.2.8.人武報）

部隊長　楊雄（2000.4.13.人武報）

第二營

第五連

汽車隊

八六八〇部隊　該部隊原爲共軍第二十集團軍步一二八師，任務轉換後，現正加強訓練部隊處置突發事件的能力以及射擊、戰術等老課目及防暴彈投擲、擒敵技術等新課目的演練，部隊設置了多種敵情，在近似實戰的條件下逐一演練。部隊駐防河南鄭州。（1996.11.23.＼1997.4.5.＼4.19.＼6.3.＼10.30.人武報）

政委　劉建華（前任　李清印）（2000.8.10.人武報）
副政委　賈斯洲（2000.7.22.人武報）
部隊長　夏鶴（2000.8.10.人武報）
副部隊長　王秀奇（2000.4.29.人武報）
參謀長
　朱永和（1999.9.23.人武報）
副參謀長
　彭杰（2000.8.26.人武報）
　張景報（2001.2.24.人武報）
機要科
　科長　裴浩東（1998.4.18.人武報）
政治部
　主任　張紅朝（1998.7.23.人武報）
　組織科
　　科長　劉湘寧（1998.7.14.人武報）
教導隊
　大隊長　鄭國平（少校）（2000.5.11.人武報）
　中隊長　孟祥錫（1998.12.29.人武報）
工兵營
汽車營
通信營
通信連
偵察連　該連軍官均具攀登、游泳、射擊、擒拿術、偵察戰術、警棍盾牌術、野戰生存、軍事地

型學校等專長。（1998.7.7.人武報）

農場

場長　李宜文（1999.1.5.人武報）

八六八一部隊　該部隊駐防河南省偃師市。（1998.8.4.人武報）

政委　陳安南（1998.7.14.人武報）

部隊長　王建庄（2001.2.24.人武報）

直屬炮兵連

連長　王建（1997.5.1.人武報）

第二營

第一連　該連有機制頑強連榮譽稱號。

指導員　韓玉石（1998.7.16.人武報）

連長　馬廣勛（1998.6.11.人武報）

第六連

指導員　袁育才（1998.7.21.人武報）

連長　董文升（1998.7.21.人武報）

八六八二部隊　該部隊根據任務轉換後的實際需要，現正不斷強化官兵法制教育；所屬機動分隊，亦正根據任務的需要，苦練軍事擒敵訓練。部隊駐紮河南汝州市。（1996.12.21.＼1997.1.9.＼1.16.＼3.25.人武報）

政委　段盛桃（2000.5.30.人武報）

副政委　馮予生（1998.9.8.人武報）

部隊長　張新興（前任　王建庄）（身患腎積水、腎

結石）（1998.9.8.人武報）

副部隊長

申懷書

王秀奇（1998.9.8.人武報）

副參謀長　彭杰（1998.9.8.人武報）

四連

連長　周厚軍（2000.5.30.人武報）

八六八三部隊　該部隊與「洛陽共校」共建，部隊爲學校義務軍訓，學校幫助戰士利用業餘時間接受該校的教育。目前部隊因任務轉換，爲了盡快適應武警部隊任務，特請兄弟部隊訓練尖子至該部隊傳授偵察兵和擒拿格鬥技術。

政委　薄俊元（2000.7.1.人武報）

部隊長　靳恒選（2000.7.1.人武報）

副部隊長　丁化國（2000.1.8.人武報）

一營

營長　徐慶偉（1998.12.29.人武報）

八六八四部隊　該部隊駐紮在河南省登封市少林寺風景區，原爲炮兵部隊，民國八十五年的深秋，該部隊任務轉換，現正進行快速機動和處突能力訓練。（1996.12.23.＼12.21.＼1997.3.15.＼7.1.＼10.30.人武報）該部隊特勤班長沈兵是拳術高手，出身少林寺。（1997.7.26.人武報）

政委　趙書毅（前任　張紅朝）（2000.7.18.人武報）

部隊長　張仕君（1997.10.30.人武報）
副部隊長　葉世方（1997.8.23.人武報）
參謀長　邵定華（1998.9.3.人武報）
政治處
　主任　李紅雷（前任　王海明）（1999.1.28.人武報）
後勤處
　處長　李占紅（1997.9.9.人武報）
特勤連
　連長　楊雲志（1999.1.28.人武報）
二連
　指導員　趙慶勇（1999.1.28.人武報）
三連　該連擔負突發事件處置任務。
　連長　周學林（1999.1.28.人武報）

八六九〇部隊　該部隊原爲南京軍區第一集團軍步二師，在任務轉換後，從各建制連抽調了五十四名排長和二十二名班長骨幹，請來武警江蘇總隊的六名教練員協助該部隊進行幹部擒敵技術訓練，以培養教練員，加速部隊轉換任務之執行；該部隊駐防江蘇省宜興市。（1996.11.12.＼1997.4.19.人武報）
政委　張家萬（前任　高均起）（1999.10.9.人武報）
副政委　陳志忠（前任　張家萬）（1999.3.11.人武報）
部隊長　劉洪凱（1999.10.9.人武報）
副部隊長

石智卿（1998.9.3.人武報）

李憲華（1999.3.11.人武報）

政治部

主任　巴曉學（1999.7.13.人武報）

防化連

連長　姚大平（1998.12.29.人武報）

八六九一部隊　該部隊駐防太湖之濱。（1997.8.12.人武報）

政委　應杜孟（2001.2.24.人武報）

第三營

七連

八六九二部隊

政委　王躍明（前任　巴曉學）（2000.3.9.人武報）

副部隊長　曹勇（1998.10.6.人武報）

八六九三部隊

政委　吳淞（前任　魯遠方）（2000.1.6.人武報）

二營

副營長　王強（1998.12.29.人武報）

砲連

第九連

連長　何動兵（1998.5.26.人武報）

八六九四部隊　該部隊原是一支訓練「過硬」的砲兵部隊，任務轉換後，現正加強輕武器射擊、擒敵技術等科目的集訓。（1996.12.2.人武報）

政委　蔣惠良（1999.11.13.人武報）

八七一〇部隊　該部隊原爲共軍南京軍區第三十一集團軍步九十三師，駐防福建莆田市天尾鎭，部隊營區距離江陰島海域三十公里。（1997.8.12.＼1998.8.4.＼1999.9.30.人武報）於八十七年三月三日正式開通數據程控通信網。（1998.3.17.人武報）部隊農場與福建省農科院於七十九年即建立了共建關係。（1998.4.14.人武報）八七一三、八七一四部隊歸該部隊指揮。（1998.7.16.人武報）

政委　李金城（前任　張劍平）（2000.12.28.人武報）

副政委　徐景泉（2000.1.11.人武報）

部隊長　王小榮（前任黃譜忠調升雲南總隊總隊長）（2000.1.11.人武報）

副部隊長　儲迎選（2000.12.26.人武報）

參謀長　陳水（2000.11.28.人武報）

政治部

主任　李金城（調升政委）

副主任

賀志勇（2001.2.24.人武報）

後勤部

部長　崔廣權（前任　周祥吉）（2000.6.29.人武報）

工兵營

營長　鍾敬本（1997.8.12.人武報）

副營長　林國慶（2000.1.6.人武報）

一營

營長　張建東（1998.9.10.人武報）

二營

營長　劉志海（1998.9.10.人武報）

特勤連

農場　該農場是福建省內最大的軍辦農場。

場長　崔廣權（1998.7.9.人武報）

八七一一部隊

政委　曾克良（1998.8.25.人武報）

部隊長　楊啓國（前任　沈濤團長、上校）

（2001.2.24.人武報）

通信連

機炮連

副連長　梁公一（1998.12.29.人武報）

五連　該連被譽爲軍事訓練龍虎連，駐紮福建省福莆田縣江口鎮。（1997.10.30.人武報）

連長　邱益剛（1998.5.2.人武報）

八連

連長　王明清（1998.12.29.人武報）

八七一二部隊　該部隊面對任務轉換，現正由作訓（作戰訓練）部門，強化部隊擒敵、散打、捕殲等課目訓練。部隊駐紮福建省莆田縣梧塘鎮。（1996.11.12.＼11.12.＼1997.4.19.人武報）

政委　曹祥敏（1997.9.11.＼2001.2.8.人武報）

部隊長　馮修貽（前任　胡高團）（1997.9.11.人武報）

參謀長　林金樹（1997.9.11.人武報）

作訓股長（1997.9.11.人武報）

政治處

主任　陳必山（1997.9.11.人武報）

營長　陳金福（1997.9.11.人武報）

八七一三部隊　該部隊駐紮福建莆田；該部隊隸屬八七一〇部隊。（1998.7.16.人武報）

政委　白金川（1999.1.14.人武報）

部隊長　劉繼敏（團長）（前任　陳水）（2000.4.18.人武報）

機炮連

連長　任新元（2000.1.13.人武報）

四連

指導員　王全雨（1999.3.30.人武報）

連長　謝玉西（2000.5.9.人武報）

八七一四部隊　該部隊擁有團級兵力，原爲炮兵團隊，面對任務轉換，現正組訓「訓練尖子」，期藉該等專長全面強化部隊擒敵、捕殲等重點課目的訓練。（1996.11.10.＼1998.5.26.人武報）該部隊有八閩勁旅稱號。（1998.5.26.人武報）隸屬八七一〇部隊。（1998.7.16.人武報）

部隊長（團長）王志平（2000.11.14.人武報）

參謀長　林建眞（2000.1.11.人武報）

第一營

第二營

第五連　該連爲團隊的訓練先行連。（1998.5.26.人武報）

指導員　陳坤旺（1998.5.26.人武報）

排長　胡錫慶（1998.6.4.人武報）

八七二〇部隊　該部隊原爲共軍南京軍區第一集團軍步一八一師，駐防江蘇宜興、無錫。現正進行處突、防暴、擒敵、捕殲訓練，以適應部隊新的任務。（1997.6.5.人武報）（1999.8.7.人武報）（2000.12.9.人武報）

政委　陳國楨（前任　溫凱賓）（1999.8.7.人武報）

部隊長（師長）張洪智（前任　王榮周）（2000.11.4.人武報）

八七二一部隊　該部隊駐紮皖南山區。（1996.11.17.\12.28.人武報）

政委　黃永輝（2001.2.24.人武報）

團長　儲迎選（1997.6.19.人武報）

八七二二部隊（1996.12.31.人武報）

部隊長　喬家德（前任　宋小忠）（2001.2.24.人武報）

副團長　喬家德（1997.8.12.人武報）

第一營

第二營

第三營

八連

副連長　雷雨錫（1998.12.29.人武報）

八十分隊

八七二三部隊　該部隊駐防江蘇無錫，團級兵力，隸屬八七二〇部隊。（1998.6.4.人武報）

政委　張桂柏（1999.1.5.人武報）

特勤連

排長　朱玖東（1998.6.4.人武報）

八七二四部隊　該部隊於八十五年十月初，開始任務轉換訓練。

部隊長　宋小忠（前任　丁羅庚）（1998.7.21.人武報）

後勤部

部長　王慶雲（1998.7.21.人武報）

二營四連　該連駐紮蘇南。（1998.7.21.人武報）

連長　趙寶祖（1998.7.21.人武報）

副連長　張捍東（1998.7.21.人武報）

八七三〇部隊　該部隊原爲共軍廣州軍區第四十二集團軍步一二六師，駐防湖南丰陽。（1997.5.15.人武報）

政委　孫連浩（1998.8.25.人武報）

部隊長　徐維山（身患嚴重的胃潰瘍）（2000.10.21.人武報）

副部隊長

張志山（2001.2.8.人武報）

趙永平（2000.10.21.人武報）

政治部

主任　盧江輝（2000.5.11.人武報）

組織科

科長　唐忠乎（代理）（1998.7.14.人武報）

後勤部

部長　龔完程（2001.2.24.人武報）

工兵營

八七三一部隊

政委　苗建宏（1999.8.7.人武報）

部隊長　江繼能（2001.2.24.人武報）

政治處

宣傳股

五連

連長　祝武峰（1998.12.29.人武報）

八七三二部隊（1996.12.31.人武報）

政委　張健（1998.9.22.人武報）

部隊長　周榮基（1999.8.7.人武報）

一營　該營駐防花石水庫。（1999.7.23.人武報）

八七三三部隊

政委　萬榮祖（1999.8.27.人武報）

部隊長　何恒國（2000.6.29.人武報）

八七三四部隊

政委　羅益建（2000.10.24.人武報）

八七四〇部隊　該部隊原爲共軍成都區第十三集團軍步三十八師，駐防四川南充，營區與南充棉紡織廠爲鄰，部隊的直屬隊與該廠結成警民共建單位。（1998.5.2.人武報）

政委　陳保民（前任　金時鋒）（1999.11.27.人武報）

副政委　葛煥東（2000.9.28.人武報）

部隊長　管呂貴（2000.9.28.人武報）

副部隊長　蔣安吉（2000.10.24.人武報）

政治部

主任　何建國（前任　趙建元）（2000.11.4.人武報）

副主任

向東（1998.5.5.人武報）

曾任此職者

何建國（調升主任）

工兵營

八七四一部隊

政委　何建國（1999.1.5.人武報）

副政委　黃文祥（2000.6.13.人武報）

部隊長　吳仕緒（2001.2.24.人武報）

摩步三營

八七四二部隊　該部隊部隊長爲王太波，參謀長吳亞中；自任務轉換後，現正加強「處突」這一新任務的演訓。（1996.11.9.人武報）

八七四三部隊

政委　向成軍（2001.2.24.人武報）

一營

營長　劉長歲（1998.12.29.人武報）

八七四四部隊

政委　劉雲（1999.10.9.人武報）

部隊長　李德超（1998.6.6.人武報）

政治處

主任　徐永軍（1997.7.12.人武報）

第二營

第四連

八七五〇部隊　該部隊原爲共軍成都軍區第十四集團軍步四十一師，駐紮雲南省蒙自縣南湖風景區，因任務轉換，現正加緊「跨區增援處置騷亂事件」、「臨時現場警衛勤務執勤」等戰術的沙盤推演及實兵演練。該部隊曾被中共中央軍委授予「鋼刀連」榮譽稱號。（1996.12.31.＼1997.1.11.＼9.16.＼10.4.人武報）

政委　甘國江（200.2.17.人武報）

部隊長　謝才書（前任　王佐明）（2000.5.9.人武報）

參謀長　崔自強（前任　謝才書）（2000.5.9.人武報）

副參謀長　易詮森（1997.10.30.人武報）

政治部

主任　戴成業（1997.11.4.人武報）

宣傳科

組織科

科長　王瑞舟（1998.7.14.人武報）

後勤部

部長　魯仕發（1997.10.28.人武報）

運輸科

科長　王正明（1997.10.28.人武報）

偵察連

八七五一部隊　該部隊駐紮滇南。（1997.3.13.人武報）

政委　蔡興南（1999.2.13.人武報）

部隊長　陶德武（2001.2.24.人武報）

四連

連長　蔡紅果（1998.6.2.人武報）

八七五二部隊（1996.12.31.人武報）

八七五三部隊（1996.12.31.人武報）

政委　蔣勇（前任　許連明）（2000.6.20.人武報）

部隊長　譚爾林（前任　崔自強）（2000.6.20.人武報）

機炮連

連長　魯明高（2000.6.20.人武報）

三連

副指導員　周華飛（2000.6.20.人武報）

八連

連長　孟樹宏（1998.12.29.人武報）

八七五四部隊　僅知該部隊駐紮雲南少數民族聚集地。

（1997.3.8.人武報）

政委　羅天海（1998.12.31.人武報）

部隊長　陳開榮（1998.12.31.人武報）

政治處

主任　劉雲安（2000.1.15.人武報）

（五）警種部隊

武警交通總隊

該部隊是武警部隊序列中的一支特殊隊伍，一直在邊遠地區承擔著道路施工任務；並在全大陸二十三個省、市、自治區擔負著城市道路、高速公路、高等級公路、國邊防公路和現代化的深水級港口的施工任務，同時還承擔機場、電站、房屋建築的施工任務。

該部隊的大概架構，是在指揮部下設兩個總隊，各總隊下轄若干支隊。

交通指揮部

政委　盧林元

主任　石兆前

武警水電總隊

該部隊前身是解放軍基建工程兵。是一支擔負經濟建設和維護社會穩定雙重職能的特殊部隊。目前轄有三個總隊與一個「三峽工程指揮部」。

水電指揮部

政委　徐國武

主任　陳方樞

武警黃金總隊

該部隊是一支以地質勘探為主，同時承擔部分黃金生產、礦業開發、礦山建設、礦山護衛任務的部隊。八十二年六月十九日人民公安報指稱，該部隊在進行精兵簡政和職能轉變後，已對產業結構和隊伍結構進行了調整，指揮部機關由原來的二十二個處室、一百二十四人，縮減成十三個處室、六十六人，總隊、支隊兩級機關均精簡了40%的人員。迄八十六年，該部隊共探明超大型金礦基地一處，特大型金礦基地三處，大型岩金礦基地七處，大型砂金礦基地七處，中型金礦四十多處，累計提交勘探儲量六百餘噸；開採黃金十一萬多兩。

黃金指揮部　由武警總部和國家黃金主管部門實行雙重領導管理。

政委　高炎

主任　張振遠

武警森林總隊

該總隊前身係武裝護林隊，始建於民國三十七年；民國四十二年，經中共中央批准成立武裝護林警察部隊；七十三年經中央國務院同意列入人民武裝警察部隊序列。黑龍江、吉林、內蒙古武裝森林警察是在七十七年正式列入人民武裝警察部隊序列。雲林森警支隊是在八十二年十月五日宣告成立；據八十二年十月十九日人民武警報稱，該支隊原爲林業部直屬機降支隊。至此該部隊已形成一支駐守在中國東北、內蒙古、西南地區「國有林區」森林（草原）防火滅火的專業武裝力量。

森林指揮部　該指揮於八十八年八月四日在北京成立。

第一政委　王志寶（國家林業局局長兼）

政委　尹成富

主任　何旺林

（六）邊防、消防、警衛部隊（警務督察工作由公安部統一領導）

（七）武警院校

中國人民武裝警察部隊學院

院址　河北省廊坊市

政委　張世瓊（前任　李振鈞、顧道先）（1999.10.25.人公報）

院長　史東輝（前任　孫中國少將）（1999.10.25.人公報）

副院長

劉良順　民國八十二年十二月二十三日下午二時，在公安部禮堂獲授武警少將警銜。（1993.12.26.人武報）

曾任此職者：

史東輝（少將）（調升院長）　民國八十三年十月八日獲授武警少將警銜。（1994.10.9.明報）

政治部

主任　張世璦（1997.3.15.人公報）

該學院簡稱武警學院，是培養武警支隊以上指揮員及部分專業幹部的高等學校。民國七十年四月二十四日，經中共國務院批准創建，隸屬武警總部。設有內衛、邊防、政治等系，並設內衛、邊境管理、邊防檢查、安全技術檢查、政治工作五個專業。本科生學制四年，從全國地方統一高考的考生中招生；專科生招收部隊大隊以上指揮員和邊防專業幹部，學制二年；進修班招收支隊以上幹部，學制三至六個月。（中國公安百科全書）

據八十二年五月十一日人民公安報指稱，台胞林清輝於四月二十二日被該學院聘爲經濟學名譽教授。

中國人民武裝警察部隊工程學院

校址爲陝西省西安市三橋鎮。該學院原名武警技術學院，是培養武警部隊電子監視、訊息系統、消防、後勤等專業技術人才的高等學校。民國七十二年經中共國務院批准組建，八十七年九月，經中共中央軍委批准更改現名，是年十一月十二日舉行揭牌儀式。該校隸屬武警總部，是一所以工程技術爲重點的理工普通高校，是武警部隊惟一具有學士、碩士學位授予權的單位；設有通信工程、電子技術、軍事經濟、軍械運輸、建築工程五個系和一個研究生隊，主要爲武警部隊培養各類中、高級工程技術人才。該校更名前，設光電、消防管理、消防工程、後勤四個系。本科生從全大陸各地方統一高考的考生中招收，學制四年；專科生招收部隊中隊以上消防、後勤專業幹部，學制二至三年。有正副教授八十六名。講師一六六名。

院長　侯小保（前任　丁士鏞、尹成富少將）（2000.7.6.人武報）

副院長

馬玉長（少將）（1999.8.3.人武報）

劉征西　八十四年八月一日獲授武警少將警銜。（1997.5.25.人武報）

李家瑞（少將）（可能異動）

杜常青　民國八十三年十月八日獲授武警少將警銜。（1994.10.9.明報）

政委　王培生（2000.7.6.人武報）

副政委

段英師（少將）（2000.7.6.人武報）

曾任此職者：

張國光（民國八十三年十月八日獲授武警少將警銜）（1994.10.9.明報）

李廣秦（少將）（1996.8.27.人武報）

政治部

主任　劉玉良（1999.11.16.人武報）

院務部

部長　馬自新（1999.1.5.人武報）

武警部隊財務研究中心　該研究中心由總部後勤部業務主任部門和該學院財務教研室的專家、教授、財務骨幹組成。（1997.1.2.人武報）

政工教研室

軍械教研室

副主任　徐孝達（2000.9.28.人武報）

電子技術系

密碼工程教研室

主任　楊曉元（2001.2.24.人武報）

通信工程系

建築工程系

中國人民武裝警察部隊醫學院

該校前身是武警衛校，八十三年初制成醫學院，學制五年。

政委　葉松海（2000.5.25.人武報）

院長　楊希忠（2000.5.25.人武報）

訓練部

部長　謝榮厚（2000.5.25.人武報）

計算機教研室

主任　馬步達（2001.2.24.人武報）

內科教研室

教授

李玉明（2001.2.24.人武報）

副教授

馬明華（2000.5.25.人武報）

附屬醫院

外一科

副主任醫師

劉啓發（2001.2.24.人武報）

內科教研室

副教授

馬明華（2001.2.24.人武報）

武警指揮學院

該學院前身是中國人民武警警察部隊專科學校，八十六年七月，經中央國務院、中央軍委批准，該校由山西夏縣遷至天津，並改用現名。該院是武警部隊的最高學府之一，主要擔負培養師、團職幹部的任務。（1998.9.5.人武報）

成立時間　八十七年九月一日正式成立。

校址　天津海河之濱

政委　劉耀（2000.5.30.人武報）

院長　張金修（2000.5.30.人武報）

副院長

　　丁榮錦（少將）（2000.7.25.人武報）

訓練部

　　管理教研室

　　　　主任　王福德（2001.2.24.人武報）

一系（該系可能是內衛系）

　　副政委

　　　　胡嘉海（2001.2.24.人武報）

　　武警發展戰略教研室

　　　　教授　韓雙增（少將）（2000.7.27.人武報）

二系

　　指揮自動化教研室

　　　　主任　白鐵兵（2001.2.24.人武報）

三系

　　副主任　海潮銀（師團職）（1999.1.5.＼2.11.人武報）

四系

　　第一教研室

　　　　主任　程國棟（1999.1.5.人武報）

進修系

政委　高曉楓（2001.2.24.人武報）

中國人民武裝警察部隊專科學校

中國人民武裝警察部隊專科學校於民國八十六年七月更名武警指揮學院。校址為山西省夏縣（中條山下），並於民國八十六年七月奉准遷天津。該學校簡稱武警專科學校，是培養武警部隊中隊、大隊內衛與政工幹部的高等專科學校。民國六十九年十二月經中共國務院批准創建，當時定名為中國人民武裝警察部隊學校；七十三年改現名；隸屬武警總部。設有內衛、政治、參謀三個系，學制二至三年。

八十七年七月，經中共國務院、中央軍委批准，該校由山西夏縣遷至天津，並更名為武警指揮學院。（1998.9.5.人武報）

副政委　劉耀　八十四年八月一日獲授武警少將警銜。（1995.8.3.人武報）

校長　張金修（1997.10.28.人武報）

副校長　紀東（1997.10.28.人武報）

武警醫學院

該學院前身是武警醫學專科學校，八十三年十二月十日改制為武警醫學院；該校最前身是組建於七十三年的武警衛生學校。

校址　天津（1994.12.20.人武報）

院務部

政委　秦書欣（2000.7.22.人武報）

軍需處

處長　呂清和（1996.11.23.人武報）

高級技術顧問　王厚德（1996.11.23.人武報）

武警天津醫學專科學校

即武警醫學院。

特種警察學院

據悉，該校是於民國七十四年九月三日在北京成立，八十九年九月六日由學校改爲學院。其特色是「亦隊亦校、學戰一體」，學員入校後，先參加三個月的「高強度，大運動量」的訓練，不符合要求者將被淘汰。學員在校期間，除須上課學習外，並隨時參予戰鬥任務。學習課目有：擒敵技術、射擊、特技駕駛和反恐怖戰術等。

八十四年五月二十三日，武警部隊偵察情報系統首期幹部集訓，在該校實施，爲期三個月，受訓人員爲三十一個總隊的四十名偵察參謀、偵察排長。（1995.6.8.人武報）

政委　王長久（前任　孫嘉誠）（2000.5.27.人武報）

校長　賈紅威（前任　侯義明）（2000.6.13.人武報）

水電技術學校

該校設於廣西柳州。

校長　郭靖初（1996.8.8.人武報）

森林指揮學校

該校與哈爾濱市東北虎林園一牆之隔。（2001.3.15.人武報）

內蒙古森警學校

該校於七十年組建，校區占地二十六畝。

黃金技術學校

消防學校

北京市消防學校

公安消防部隊天津指揮學校

公安消防部隊南京指揮學校烏魯木齊分校

公安消防部隊西安指揮學校

公安消防部隊昆明指揮學校　民國八十年九月一日在雲南昆明成立，學制二年，是大陸第一所公安消防指揮學校。

邊防學校

海南邊防學校

昆明邊防學校

公安邊防水面船艇學校　該校位於浙江省寧波市北侖區，民國七十二年經國務院批准成立，爲公安部直屬專業技術學校，學校實行現役制，列入武警序列，擔負爲公安邊防部隊培養船艇指揮、技術幹部和各類專門人才的任務，設有航海指揮、機電管理、通信技術指揮、計算機應用和內河駕駛等專業。

電話　○五七四 六一五五二一三
　　　○五七四 六一五五七四八
　　　○五七四 六一五五七一七

邊防指揮學校

呼和浩特邊防指揮學校

新疆邊防指揮學校

廣東邊防指揮學校

雲南邊防指揮學校

指揮學校於民國七十二年經中共國務院批准，在大陸各省、自治區、直轄市分別組建；隸屬各省、自治區、直轄市武警總隊。指揮學校負責培訓排、中隊指揮幹部和業務技術幹部，學制二年；附設輪訓隊，擔負對基層幹部的短期輪訓任務。（中國公安百科全書）

呼和浩特指揮學校　該校於民國八十四年九月十九日成立，爲公安邊防部隊初級指揮學校，是一所兩年制的中等專業學校，設有邊境管理、邊防檢查、部隊指揮、後勤管理等四個專業，同時設有一個輪訓大隊。該校除爲內蒙古公安邊防部隊培養初級指揮人才外，還擔負著爲黑龍江、遼寧、吉林、北京、天津、河北等七個省（市）公安邊防部隊培養初級指揮人才的任務。（1995.10.12.人公部）

校長　張喜貴（前任　思勤）（1997.2.18.人武報）

訓練處長　郝泉生（1993.2.23.人武報）

重要集訓班

武警部隊工兵、防化中隊軍事指揮幹部集訓班 該班於民國八十五年七月十五日開訓，設置工兵、防化兩個專業。（1995.11.16.人公報）

烏魯木齊指揮學校

副校長　周永勝（1995.9.9.人武報）

哈爾濱指揮學校　該校址設綏化市。（1993.6.1.人武報）

黨委

書記　龔洪濤（2000.7.22.人武報）

政委　劉玉堂（1993.6.1.人武報）

校長　楊樹清（1998.5.2.人武報）

副校長　富有學（1998.9.1.人武報）

長春指揮學校

校長　劉恩鐵（代理）（前任　時文之）（1995.8.22.人武報）

瀋陽指揮學院　據八十二年二月二十日人民武警報稱，該校駐守在遼東山區，距瀋陽市四十多公里。

八十九年九月六日由學校升格爲學院。（2000.9.16.人武報）

濟南指揮學校

校長　徐晉奎（1995.6.10.人武報）

擒敵教員　王燦普（1998.8.1.人武報）

北京指揮學院 八十九年九月六日由學校升格爲學院。（2000.9.16.人武報）

校長　鄭新義（1998.4.21.人武報）

訓練部

部長　郭希禮（2000.7.6.人武報）

圖書館

景秀華（2000.6.10.人武報）

天津指揮學校

校長　牛子文（1997.4.1.人武報）

石家莊指揮學校

政委　張連餘（1998.8.1.人武報）

校長　郝和平（前任　周玉標）（1998.6.6.人武報）

通信大隊　該通信大隊是武警部隊唯一的一個培養中等專業通信人才的大隊。（1993.10.19.人武報）

擒敵技術教員　劉萬義（1994.5.26.人公報）

鄭州指揮學校　該校正式組建於七十二年十一月五日，是武警部隊首批隊改校單位之一。

政委　申庭震（七十五年底到任）（1993.11.2.人武報）

校長　吳大洲（1993.11.2.人武報）

副校長　黨明久（1994.6.28.人武報）

武漢指揮學校　該校設在孝感市郊鄉村。

校長　黃典南（2000.6.3.人武報）

副校長　常回生（1995.5.16.人武報）

長沙指揮學校

政委　王科術（1994.5.17.人武報）

訓練處

合肥指揮學校　該校與合肥大蜀山野生動物保護區僅一牆之隔。（1999.1.14.人武報）

南昌指揮學校

校長　聶秋生（1998.7.21.人武報）

副校長　尹佳勖（1995.8.8.人武報）

南京指揮學校　該校位於燕子磯東行六七里處。（1993.9.7.人武報）

上海指揮學校　該校組建於七十三年。八十九年九月六日由學校升格爲學院。（2000.9.16.人武報）

校長　張長東（2000.7.8.人武報）

杭州指揮學校　該校鄰西子湖畔，位於北高峰下。（1995.6.27.人武報）

校長　沈金來（1994.7.23.人武報）

政委　洪榮康（1994.7.23.人武報）

福州指揮學校

校址　南台島（1993.4.6.人武報）

政委　施恭生（前任　潘如平）（1998.9.29.人武報）

校長　蕭鳳合（前任　劉曉健）（1998.9.29.人武報）

副校長　徐國鈞（1993.3.23.人武報）

訓練處

處長　劉海平（1993.10.19.人武報）

重要訓練班

第一期火炮中隊軍事指揮幹部集訓（1994.1.11.人武報），集訓內容以演練步炮協同作戰爲主。

第二期炮兵骨幹集訓於八十三年十月在該校開訓，七十名指揮幹部參加此一期六十天的炮兵專業集訓。（1994.10.6.人武報）

八十五年以實兵實彈演習的形式，組織九四級內衛、後勤等兵種專業的畢業學員及總隊參謀集訓班的學員進行山林捕殲戰鬥步炮協同實彈戰術演習，此次演習爲大陸武警院校之首次。（1997.3.4.人武報）

廣州指揮學院　據八十二年二月二十三日人民五警報稱，該校前身是武警廣東省總隊教導大隊；第一任校長是王殿富，他曾任深圳七支隊政委八十九年九月六日由學校升格爲學院。（2000.9.16.人武報）

南寧指揮學校　該校地處南寧市郊長崗嶺；廣西總隊彭海安副總隊長主管該校校務。（1994.6.28.\1995.3.16.人武報）

政委　曾多能（1998.6.16.人武報）

校長　覃仕桂（其前任是周和清）（1998.6.16.人武報）

太原指揮學校

校長　王忠選（大校）（1995.12.12.人武報）

西安指揮學校　八十九年九月六日由學校升格爲學院。（2000.9.16.人武報）

校長　李長松（1997.10.25.人武報）

蘭州指揮學校

校長　沈毅康（1996.7.7.人武報）

副校長　高志文（1995.12.26.人武報）

副政委　張天時（1995.1.31.人武報）

陸茂林（1995.1.31.人武報）

政治處

主任　楊保民（1995.1.31.人武報）

昆明指揮學校

政委　史國雙（1996.9.10.人武報）

校長　董其文（1996.9.10.人武報）

貴陽指揮學校

成都指揮學校　該校受「國家民航總局」委託，經武警總

部批准於八十三年四月中旬至五月中旬，爲西南航空公司代訓五十名空勤保衛人員（空安人員）。（1994.4.19.人武報）

該校主要任務是爲四川和西藏的武警部隊培訓基層指揮員。（1994.5.3.人武報）

八十九年九月六日由學校升格爲學院。（2000.9.16.人武報）

校長　馮文輝（前任　李朝儒）（1997.6.29.人武報）

副校長　馮文輝（調升校長）

政委　呂昭仁（1994.10.6.人武報）

西寧指揮學校　地處湟水河畔古鎮多巴，民國七十三年組建。（1995.15.26.人武報）

拉薩指揮學校　該校於八十三年十月武警西藏總隊教導大隊改制成立。該校址設拉薩北郊山腳下，海拔三千七百一十二米，周遭全是沙土、卵石，太陽要中午十一點多才能照射得到，海拔三千七百一十七米。（1995.12.26.人武報）

中國人民武裝警察大解構　　軍事智庫系列

總 策 劃☞李英明
著　　者☞高哲翰、蔡衡、邱伯浩、蘇育平
主　　編☞邱伯浩
出 版 者☞揚智文化事業股份有限公司
發 行 人☞葉忠賢
總 編 輯☞林新倫
登 記 證☞局版北市業字第 1117 號
地　　址☞台北市新生南路三段 88 號 5 樓之 6
電　　話☞（02）23660309
傳　　真☞（02）23660310
劃撥帳號☞19735365　戶名☞葉忠賢
印　　刷☞鼎易印刷事業股份有限公司
法律顧問☞北辰著作權事務所　蕭雄淋律師
初版一刷☞2003 年 4 月
定　　價☞新台幣 350 元
I S B N ☞957-818-482-4
E-mail☞book3@ycrc.com.tw
網　　址☞http://www.ycrc.com.tw

國家圖書館出版品預行編目資料

中國人民武裝警察大解構 / 高哲翰等合著.
--初版. --臺北市 : 揚智文化 , 2003[民 92]
面 : 公分.
參考書目：面

ISBN 957-818-482-4 (平裝)

1.警察－中國大陸　2.警政－中國大陸

575.892　92000951